DIE 5 SÄULEN DER RUNEN

FUNDAMENT RUNENSKRIPTE WERFEN VERTEILUNGEN LESEN

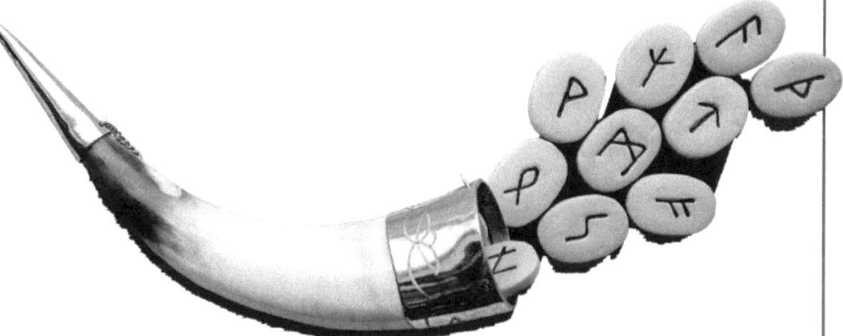

97 TECHNIKEN UND HINWEISE

für Einsteiger. Alles, was Sie über Runenskripte, das Runenwerfen, Verteilungen, Legemethoden und Deutungen wissen müssen

INGRID CLARKE

Inhaltsübersicht

Einführung

Kämpfen Sie damit, einem bedeutsamen Lebensereignis einen Sinn zu geben? Haben Sie das Gefühl, dass das Universum versucht, Ihnen etwas zu sagen, aber Sie können nicht verstehen, was es Ihnen sagen will? Runen könnten die Antwort sein. Diese uralten Symbole bergen die Macht des Kosmos in sich und bieten Einblicke, Schutz und göttliches Wissen, das die Antworten auf einige der schwierigsten Fragen des Lebens enthüllen kann. Im Gegensatz zu vielen anderen Formen der Wahrsagerei gibt es das Runenlesen schon seit Jahrhunderten und wurde von unseren Vorfahren genutzt, um Rat zu suchen. Sie wussten, dass Runen die einzigartige Fähigkeit besitzen, unsichtbare Kräfte und Energien anzuzapfen, die ein tieferes Verständnis von uns selbst und unserem Platz in der Welt ermöglichen. Mit ihrer Hilfe können Sie in jeder Situation Klarheit gewinnen, zurück auf Ihren Weg finden und einen neuen Lebenszweck entdecken.

Ebenso können uns die Runen einen Einblick in tiefere Wahrheiten geben, die unserem alltäglichen Blick verborgen sind. Wenn Sie verstehen, wie man sie benutzt und löst, können Sie lernen, die unsichtbaren Fäden des Schicksals zu lesen und sogar Ihr Schicksal neu zu schreiben. Dieses Buch ist ein umfassender Leitfaden für die Runenkunst, in dem die fünf Säulen der Runologie erforscht werden: Runenschriften, Verteilungen und Legemethoden, Interpretationen auf der Grundlage der gestellten Fragen und mehr. Während Sie diesen Einweihungsprozess in die Welt der Runologie durchlaufen, werden Sie einen aufschlussreichen neuen Blickwinkel gewinnen, durch den Sie die Komplexität des Lebens betrachten können. Die Informationen in diesem Buch geben Ihnen eine solide Grundlage, um zu erkennen, wann das Leben Sie dazu auffordert, die Weisheit der Runen anzurufen, um auf ihre Sprache zu hören und Ihr Potenzial zu erschließen.

Jeder Mensch hat mit Schwierigkeiten und Problemen zu kämpfen, die schwer zu ertragen sein können. Doch wahre Stärke liegt in denjenigen, die sich bemühen, diese Schwierigkeiten zu überwinden und mehr über sich selbst und unsere Welt zu erfahren. Unsere moderne Gesellschaft ist übersättigt mit Technologie, was es leicht macht, sich von unserer Umwelt abzukoppeln. Außerdem verlieren wir dadurch nicht nur die Natur aus den Augen, sondern auch die spirituelle Kraft in uns selbst. Die Beschäftigung mit unserer natürlichen Umgebung kann uns wieder mit den Geheimnissen des Lebens verbinden und zu größerem Wohlbefinden führen.

Nachdem ich in der Vergangenheit ein Burn-out erlitten hatte, habe ich mein Leben der Erforschung verschiedener Heilpraktiken gewidmet. Dabei half es mir, dass ich aus einer skandinavischen Familie mit heidnischen Wurzeln stamme. Ich habe unglaubliche Einblicke in metaphysische Praktiken und okkulte Traditionen aus der ganzen Welt gewonnen. Tatsächlich fühle ich auch eine einzigartige Verbindung zu den Runen, jenen großartigen kosmischen Symbolen, die von meinen Vorfahren so geliebt wurden. Als Empathin habe ich es mir zum Ziel gesetzt, das umfangreiche Wissen und die Weisheit weiterzugeben, die ich durch meine langjährigen Forschungen erworben habe, um denen, die es brauchen, Erleichterung zu verschaffen. Diese Suche wird durch meine tiefe Wertschätzung für Kräuterkunde, Kristallheilung, Astrologie und spirituelle Philosophien unterstützt.

Dieses Buch taucht tief in das Studium der Runen ein und vermittelt aufschlussreiches Wissen darüber, woher sie kommen und wie man sie verwendet. Es deckt die Geschichte der Runen auf, einschließlich des Älteren Futharks und des Jüngeren Futharks.

Ebenso wird das Angelsächsische Futhorc erforscht. Das heißt, Sie werden ein gründliches Verständnis dieser alten Symbole gewinnen. Doch dieses Buch lehrt die Leser nicht nur, Runen zu werfen und zu deuten, je nachdem, welche Frage gestellt oder welche Legemethode gewählt wird. Es bietet auch detailliertes Wissen über verschiedene Verteilungen und Legemethoden. Dieses Buch gibt also einen tiefen Einblick in diese kraftvolle und doch einfache Methode, die Wahrheit zu entdecken.

Die Geheimnisse unseres Schicksals zu enträtseln, kann beängstigend sein, besonders wenn die Hindernisse des Lebens uns im Weg zu stehen scheinen. Doch mithilfe der Runen können wir Einblick in unsere Zukunft gewinnen und die Geheimnisse aufdecken, die uns verborgen sind. Durch meine Forschungen und die Veröffentlichung der Techniken, die ich in diesem Buch vorstelle, habe ich mich selbst besser verstanden und mich auf den Weg vor mir ausgerichtet. Die Verwendung dieser besonderen Symbole hat es mir ermöglicht, mein Bewusstsein zu stärken. Ebenso bin ich nun besser darauf vorbereitet, die kosmischen Rätsel des Lebens zu entschlüsseln.

Das Ziel dieses Buches ist es, Ihnen auf einer Reise der spirituellen Erleuchtung und des Erwachens zu helfen. Es wird Sie auch dabei unterstützen, Ihre Intuition anzuzapfen, Ihre Motivation zu verstehen, Ihr Selbstvertrauen zu stärken und Entscheidungen zu treffen, die Sie in eine bessere Zukunft führen werden. Begeben Sie sich auf eine Reise der Selbstentdeckung, indem Sie die Geheimnisse der Runen entschlüsseln und die göttliche Kraft in uns allen freilegen. Durch die Weisheit der Runen und das Lesen der Runen erhalten Sie einen Einblick in die Komplexität des Lebens, der Ihnen die Augen für neue Perspektiven öffnen kann. Darüber hinaus kann dieses Wissen praktische Ratschläge für die Anwendung in realen Lebenssituationen liefern. Und es wird Ihnen helfen, persönliches Wachstum und Klarheit zu erlangen. Lassen Sie uns diese fantastische Reise beginnen.

Säule 1
Fundament

Die Schaffung eines soliden Fundaments ist ein wesentlicher Bestandteil jeder Lernreise. Eine treffende Analogie zu diesem Prozess ist der Bau eines Hauses. Das Fundament muss solide sein, bevor etwas anderes darauf gebaut werden kann. In diesem Kapitel werden wir sicherstellen, dass Ihr grundlegendes Verständnis angemessen gefestigt ist. Dieses Grundwissen dient als Basis, auf der komplexere Themen aufgebaut werden können, damit Sie Ihr Wissen logisch und systematisch entwickeln können. Darüber hinaus können praxisrelevante Fakten oder Beispiele, die mit diesen Informationen verknüpft sind, Ihr Verständnis für das Thema stärken.

$$— 1 —$$

Was Sie über Runen
wissen sollten

Der Ursprung der Runensymbole birgt viele Geheimnisse. In der nordischen Mythologie wird erzählt, wie Odin, der oberste Herrscher von Asgard und einer der am meisten verehrten Götter des nordischen Pantheons, sich auf Yggdrasil, dem kosmischen Baum, der die neun Welten verbindet, opferte. Indem er neun Tage und Nächte lang am Weltenbaum hing, konnte er die Geheimnisse des Universums entschlüsseln, die durch Runen symbolisiert werden. Laut Definition sind Runen eingeritzte Zeichen oder Symbole, denen magische Eigenschaften zugeschrieben werden. Durch sein großes Opfer hat Odin ihre verborgene Bedeutung enthüllt. Solche Geschichten halten den Mythos um die Runen aufrecht, der sich in unserer kollektiven Vorstellungskraft festsetzt, wenn wir ihre Geschichte und ihren Zweck erforschen.

Runen definieren

Die Runen werden nicht nur für Wahrsagerei und Magie verwendet, sondern sie haben auch eine große historische Bedeutung. Sie wurden von vielen germanischen Gesellschaften vom 1. bis 2. Jahrhundert n. Chr. verwendet und sind in verschiedene Sprachen übernommen worden, die das lateinische Alphabet verwenden. Im Gegensatz zum heutigen lateinischen Alphabet ist jede Rune ein Ideogramm, das Klänge, Gegenstände oder Ideen darstellt. In gewisser Hinsicht ähneln Runen also ägyptischen Hieroglyphen oder altchinesischen Schriftzeichen. Diese Einzigartigkeit macht sie zu unschätzbaren Werkzeugen für Weissagung, Wahrsagerei und Ratgebung. Außerdem glaubten viele mittelalterliche Gelehrte, dass Runen als mächtige Talismane verwendet werden können, um sich vor Unglück zu schützen. All dies macht die Runen zu einem faszinierenden Teil der Geschichte.

Definition

Etwas Neues zu lernen kann eine aufregende Reise sein, vor allem wenn es um Runen geht. Wie das Merriam-Webster Dictionary beschreibt, haben Runen drei verschiedene Bedeutungen. Diese drei Bedeutungen spiegeln sich in der Verwendung der frühen Germanen von Geheimnis und Magie sowie altnordischer Poesie oder Liedern wider. Eine weitere Bedeutung dieses alten Alphabets ist *„geheime Unterhaltung"* oder *„etwas Verborgenes"*. Es handelt sich also um einen Begriff, dem eine gewisse Macht innewohnt. Diese Macht wird durch den Verweis auf die nordische Mythologie noch unterstrichen, die von einer Ursprungsgeschichte der Runen erzählt, in der jeder Buchstabe sowohl einen Klang als auch einen Begriff enthält. Vor diesem Hintergrund wird klar, warum die Menschen so sehr an die Kraft der Worte glaubten, dass sie Machtsymbole in ihre Buchstaben einbetteten.

Linguistische Geschichte

Von den alten nordischen Stämmen bis hin zu modernen Esoterikern wurden Runen über alle Zeiten und Kulturen hinweg als schriftliche Kommunikationsform verwendet. Drei der bekanntesten aus Runen hergestellten Alphabete sind:

Älteres Futhark

Das germanische Runenalphabet, auch bekannt als Älteres Futhark, war eine alte Schrift, die von germanischen Stämmen in Nordwestdeutschland während der Völkerwanderungszeit verwendet wurde. Es besteht aus 24 Runen und hat seinen Namen von den ersten sechs Buchstaben *(F, U, Þ, A, R und K)*, die „Futhark" bedeuten. Ein Beispiel für einen dieser Stämme waren die Goten, von denen man annimmt, dass sie zu den ersten gehörten, die dieses Schriftsystem übernommen haben. Obwohl sie als *„Barbaren"* bezeichnet wurden, besiegten sie das Römische Reich. Außerdem erlangten sie Anerkennung für ihr mächtiges Alphabetsystem, das viele esoterische Bedeutungen enthielt. Darüber hinaus nutzten einige frühe christliche Missionare diese Runen als Mittel zur Verbreitung ihrer Botschaft, was ein weiterer Beweis für ihre Bedeutung im Laufe der Geschichte ist.

Wie wir bereits erwähnt haben, ist die Verwendung von Runen für magische oder divinatorische Zwecke älter als die Erschaffung des Alphabets selbst. Zu der Zeit, als das Ältere Futhark geschaffen wurde, galt die Schrift als ein Werkzeug der Magie. In jedem Stamm gab es nur einige wenige, die die Fähigkeit besaßen, diese als Runen bekannten magischen Zeichen zu schreiben und zu lesen. Mit den Runen wurden Zaubersprüche ausgesprochen, Weissagungen gemacht und geheime Botschaften übermittelt. Das Schriftsystem des Älteren Futharks selbst gilt als eine *„geheime"* Symbolsprache. Durch ihre verborgene Überlieferung konnte die Macht der Götter in die physische Welt gebracht und der Wille des Schreibers manifestiert werden.

Angelsächsisches Futhorc

Das zweite bedeutende Runenalphabet war das „Futhorc", das von früheren germanischen Runen abgeleitet und von den Angelsachsen verwendet wurde. Es wurde nach Großbritannien gebracht, als im 5. Jahrhundert n. Chr. drei mächtige germanische Stämme, die Angeln, Sachsen und Jüten, einfielen. Jeder dieser Stämme hatte seine eigene Sprache. So wurde Altenglisch für die Angeln, Altsächsisch für die Sachsen und Altjütisch für die Jüten mit Futhorc geschrieben. Nach der Eroberung Großbritanniens brachten die Angelsachsen ihre Kultur und Traditionen mit in ihr neues Land. Sie brachten auch die nordische Mythologie mit, die sich mit der lokalen keltischen Folklore vermischte. In der Folge entstand eine einzigartige Kultur, die sich noch heute in den britischen Sitten und Gebräuchen widerspiegelt.

Ein halbes Jahrtausend lang entwickelten die Angelsachsen ihre Version des beliebten germanischen Schriftsystems, das als Runen bekannt ist. Sie passten das Alphabet des Älteren Futharks an, verwendeten neue Symbole und sammelten 33 Zeichen an. Das sind neun Zeichen mehr als beim Älteren Futhark und 17 Zeichen mehr als beim Jüngeren Futhark. Auf diese Weise konnten sie ihre Sprache, das Altenglische, auf Stein und Pergament übertragen, damit künftige Generationen sie studieren konnten. Diese Anpassung einer alten Schrift ist ein Beweis für das Engagement der Angelsachsen, ihre Kultur und Geschichte zu bewahren.

Jüngeres Futhark

Das Jüngere Futhark oder die skandinavischen Runen wurden von den Wikingern von 793 bis 1066 n. Chr. als Kommunikations- und Dokumentationssystem verwendet. Diese Schrift hatte nur 16 Runen im Vergleich zu den 24, die ihr Vorgänger, das Ältere Futhark, hatte. Der Hauptgrund für die Vereinfachung des Runenalphabets war die Erhöhung der Lese- und Schreibfähigkeit der Germanen. Außerdem bestand ein wachsender Bedarf an der Aufzeichnung komplexerer Informationen. Infolgedessen ist das Runenalphabet zu einem wesentlichen Bestandteil der Geschichte und Kultur der Wikinger geworden, und viele Runensteine stehen noch heute.

Außerdem war das Ältere Futhark ein altes Schriftsystem, das hauptsächlich von der Elite für Wahrsagerei und andere magische Zwecke verwendet wurde. Das Jüngere Futhark hingegen war weit verbreitet und wurde von Menschen aller sozialen Schichten in ganz Skandinavien übernommen. Folglich wurde es vereinfacht, um leichter Botschaften in Steine zu ritzen, was es zu einem wertvollen Kommunikationsmittel machte. Obwohl die 350 existierenden Inschriften des Älteren Futharks im Vergleich zu den mehr als 3000 Runensteinen, die im Jüngeren Futhark verfasst sind, nur wenige sind, decken sie ein breites Spektrum ab. Sie enthalten Prophezeiungen, alltägliche Gespräche und sogar humoristische Bemerkungen. Der Erfolg des Futharks liegt offensichtlich in seiner Fähigkeit, einfachen Menschen die Möglichkeit zu geben, eine greifbare Spur ihrer Kultur, Ideen und Gedanken zu hinterlassen.

Mittelalterliche Runen

Die aus dem Jüngeren Futhark des 13. Jahrhunderts hervorgegangenen mittelalterlichen Runen oder Futhork bestanden aus 27 Zeichen und wurden im Mittelalter in ganz Skandinavien verwendet. Diese Schrift diente auch als Grundlage für die sehr populäre Runologie des 16. Jahrhunderts, wobei viele Runen modifiziert oder direkt von bestehenden Symbolen des Jüngeren Futharks übernommen wurden. Wenn man noch weiter zurückgeht, stammen diese Runen aus dem Älteren Futhark. Während die Bedeutungen dieser Runen weitgehend unverändert blieben, unterschieden sich ihre klangliche Darstellung und ihre physische Form zwischen den verschiedenen Alphabeten erheblich. Um diese Entwicklung noch deutlicher zu machen, wird angenommen, dass einige Runen ausdrücklich entwickelt wurden, um neue Laute darzustellen, die in dieser Zeit aufkamen.

Die lateinische Schrift hält Einzug

Im späten 11. Jahrhundert wurde das lateinische Alphabet in Skandinavien zu einem Konkurrenten des Futhorks. Da es jedoch immer noch teuer war, mit Federkiel und Tinte auf Pergament zu schreiben, was für die lateinische Schrift unentbehrlich war, wurde es hauptsächlich vom Klerus verwendet. In der Zwischenzeit wurde die altnordische Sprache weiterhin mit Runen niedergeschrieben, die mit scharfen Gegenständen in Holz, Stein oder andere harte Oberflächen geritzt wurden. Auch lateinische Gebete und viele mittelalterliche Kirchengegenstände weisen Runengravuren auf. Dazu gehören mittelalterliche Runen, die auf Kirchenglocken, Taufbecken und Reliquienbehältern eingraviert und an Kirchentüren, -wänden und -vorhallen angebracht sind.

Im 13. Jahrhundert begann die lateinische Schrift die Runen zu verdrängen und wurde für die Niederschrift mittelalterlicher skandinavischer Gesetze verwendet. Dieser Übergang führte schnell dazu, dass das lateinische Alphabet das vorherrschende Schriftsystem unter Politikern und Geistlichen wurde. Obwohl die Öffentlichkeit von den Runen zur lateinischen Schrift überging, hielten einige an der Verwendung der Runen für verschiedene esoterische Zwecke wie Wahrsagerei, Magie und geheime Botschaften fest. Das Gebiet der Runologie entwickelte sich schließlich, nachdem Runenforscher im 16. Jahrhundert begonnen hatten, die Geschichte der Runen zu studieren und sie akademisch zu untersuchen. Außerdem wurden in dieser Zeit mehrere Manuskripte verfasst, die nordische Mysterien und Zaubersprüche dokumentieren, was beweist, dass die Runen in der nordischen Kultur auch dann noch lebendig waren, als die lateinische Sprache populär geworden war.

Die Geburt der Runologie

Die Runologie ist ein uraltes und mächtiges Studiengebiet, das auf Johannes Bureus im 16. Jahrhundert zurückgeht. Er war der königliche Bibliothekar des schwedischen Königs und glaubte, dass die Runen einen praktischen Nutzen haben und mystische und heilige Eigenschaften besitzen. Dieser spirituelle Glaube wurde in jüngster Zeit durch archäologische Beweise wie seltene Runensteine gestärkt, die die Runen mit Wohlstand, Langlebigkeit und Schutz in Verbindung bringen. Zu Bureus' größerem Beitrag zur schwedischen Kultur gehörte seine Tätigkeit als Tutor und Berater von König Gustav Adolf. Außerdem gilt er als der *„Vater der schwedischen Grammatik"*. Als solcher ist sein Werk heute in der gesamten skandinavischen Kultur zu finden. Sein Engagement für die Bewahrung der altnordischen Kultur brachte ihm Anerkennung als Verfechter des Gothizismus mit engen Verbindungen zu den Gauten ein. Außerdem behauptete er, sie seien direkte Nachfahren derer, die das Römische Reich erobert hatten. Ebenso glaubte er, dass die Runen, das Schriftsystem der altnordischen Stämme, nicht einfach nur Buchstaben wie die lateinischen waren. Sie waren vielmehr etwas Außergewöhnliches und sogar Heiliges.

Mythologische Ursprünge

Ich weiß, dass ich an diesem windgepeitschten Baum hing,
Neun lange Nächte sind wir dort geschwungen,
Verwundet durch meine eigene Klinge,
Blutig für Odin,
Ich bin ein Opfer für mich selbst:
Gebunden an den Baum
Von dem kein Mensch weiß,
Wohin seine Wurzeln verlaufen.

Niemand gab mir Brot,
Keiner gab mir etwas zu trinken.
Ich schaute in die tiefsten Tiefen hinab.
Bis ich die Runen entdeckte.
Mit einem gellenden Schrei ergriff ich sie,
Dann wurde mir schwindlig und ich fiel in Ohnmacht.

Wohlbefinden habe ich erlangt.
Und auch Weisheit.
Von einem Wort zu einem Wort
Wurde ich zu einem Wort geführt,
Von einer Tat zu einer anderen Tat.
(Lieder-Edda, ca. 1200 n. Chr., Die Rede des Erhabenen)

Das obige Gedicht erzählt die Geschichte von Odin, dem Allvater, dem Oberhaupt der nordischen Mythologie. Er erlangte das Wissen über die Runen durch ein rituelles Opfer, indem er sich neun Tage und Nächte lang an Yggdrasil aufhängte. Der Brunnen von Urd, der als Quelle großer Weisheit bekannt ist, liegt direkt unter den Ästen von Yggdrasil, wo Odin die darin verschlüsselten Symbole des Universums sah. Diese göttliche Einsicht machte ihn zum mächtigsten Gott der germanischen Stämme. Zum Gedenken an seine Errungenschaft wurde der *Mittwoch* ursprünglich auf Deutsch „*Wodenstag*" genannt, so wie er auch im Englischen „*Wednesday*" heißt. Außerdem schreiben viele Odin Fähigkeiten wie Weisheit, Wissen, Zauberei und Poesie zu, die alle durch das Runenalphabet gesteuert werden.

Geschichten über Odin werden oft mit seinem vertieften Wissen über die Geheimnisse des Universums in Verbindung gebracht. Berühmt ist, dass er vom Met der Poesie trank, einem verzauberten Elixier, das ihm die Macht verlieh, ein „*Skalde*" oder Gelehrter zu werden. Dank dieser Fähigkeit konnte er sich an jede gelernte Information erinnern und sie wiedergeben und jedes Problem lösen, das sich ihm stellte. Infolgedessen wurde er als der große

Magier und Allvater des nordischen Pantheons verehrt. Mit diesem Wissen und dieser Macht wurde Odin auch als das perfekte Wesen angesehen, um Runen zu verstehen und andere zu lehren, sie zu lesen.

Die germanischen Stämme glaubten nicht, dass diese Symbole erfunden oder geschaffen wurden. Stattdessen sahen sie sie als bereits existierende Kräfte des Kosmos an, die Odin bestimmten Menschen, den sogenannten Runenmeistern, übertrug. Auf diese Weise konnten sie ihre kraftvollen Bedeutungen zu Wahrsagezwecken nutzen oder sie als Schutz- und Zaubersprüche einritzen. Außerdem galten diese Runen als Quelle der Weisheit, die einen mit spiritueller Führung oder dem Wissen der Vorfahren verbinden konnte.

Die Verwendung der Runen

Nachdem wir nun mehr über ihre Sprachgeschichte und mythologischen Ursprünge wissen, ist es an der Zeit, die Verwendungszwecke der Runen zu untersuchen. Sie wurden nicht nur als Schriftsystem verwendet, sondern dienten auch als Werkzeug für Magie und Weissagung. Runen wurden an wichtigen Orten und sogar in christlichen Kirchen eingraviert, um die Götter um Schutz und Segen zu bitten. Außerdem fand man Runen auf Schwertern eingraviert, die zeremoniell und im Kampf verwendet wurden, auf Holzleisten geschnitzt oder auf Kieselsteine oder Steine gemalt, die der Weissagung dienten. Mit diesem neuen Wissen können die Runen als Symbole für die Kommunikation und als Kanäle für spirituelle Kräfte betrachtet werden, die sowohl im Bereich des Schutzes als auch der Vorhersage Anwendung finden.

Der erste historische Bericht über die Verwendung der Runen durch die Germanen zu göttlichen oder okkulten Zwecken stammt von Tacitus, dem berühmten römischen Historiker und

Politiker, der in Kapitel 10 seines Buches *Germania* (98 n. Chr.) einen ausführlichen Bericht darüber schrieb:

> *„Sie legen größten Wert auf die Vorzeichen und die Losorakel. Ihre übliche Vorgehensweise beim Losen ist einfach. Sie schneiden einen Zweig von einem nuss- oder samentragenden Baum ab und schneiden ihn in kleine Stäbchen; sie markieren sie mit verschiedenen Zeichen und werfen sie wahllos auf ein weißes Tuch. Dann betet der Priester der Bürgerschaft, wenn es sich um eine offizielle Beratung handelt, oder der Familienvater, wenn es sich um eine private Beratung handelt, zu den Göttern und hebt mit Blick zum Himmel jeweils drei Stäbchen auf und er deutet die aufgehobenen gemäß den vorher eingeritzten Zeichen.“*

Alte Runen gibt es schon seit Jahrhunderten, sie wurden von mehreren Zivilisationen entdeckt und verwendet. Odin wurde als Gott der Prophezeiung angesehen, der unsere Spezies mit seinen mächtigen Symbolen beschenkt hat. Wenn wir uns mit diesen Symbolen und der Praxis des Runenlesens beschäftigen, ist es wichtig, sich daran zu erinnern, dass sie seit mehr als zwei Jahrtausenden als eine Form der Weissagung und Magie verwendet werden. Diese uralte Erkenntnis kann auch heute noch angewendet werden, um neue Klarheit und neues Verständnis in unser Leben zu bringen.

Werfen und Ziehen von Runen

Das Aufdecken von Wissen und Erkenntnissen ist der Kern des Runenwerfens. Jede Rune ist ein zweischneidiges Schwert, das sowohl eine *„äußere“* als auch eine *„innere“* Bedeutung hat. Ihr Hauptzweck besteht darin, als Piktogramm die kosmischen Kräfte für die Weissagung anzuzapfen. Nachdem Sie den Platz für Ihre Runen vorbereitet haben, werfen Sie sie auf eine ebene Fläche, wo sie nicht verrutschen können. Nach dem Werfen werden die Runen danach gedeutet, wo sie im Verhältnis zum Werfer und zu den anderen in dieser Sitzung verwendeten Runen angeordnet sind. Erfahren Sie mehr über die Entschlüsselung dieser Geheimnisse in Kapitel sechs der Runenkunde: das Werfen. Verpflichten Sie sich, mehr über Runen und das Runenwerfen zu lernen, um das Beste aus Ihren Sitzungen herauszuholen. Ihre Geheimnisse warten darauf, von Ihnen gelüftet zu werden.

Eine andere Art der Wahrsagerei mit Runen ist das sogenannte „Runenziehen", das vergleichbar mit dem Ziehen einer Karte aus einem Tarotdeck ist. Der Wahrsager kann die Runen mit der Vorderseite nach unten auf eine flache Oberfläche legen oder sie aus einem undurchsichtigen Beutel ziehen. Bei der ersten Methode streicht der Wahrsager mit seiner nicht dominanten Hand über die verdeckten Runen, bis er sich von einer angezogen fühlt, die hervorsticht, dann dreht er sie um und deutet sie. Bei der zweiten Methode werden drei Runen aus dem Beutel gezogen, eine nach der anderen. Diese einzelnen Runen werden dann als Teil einer größeren Deutung interpretiert, je nachdem, was zu Beginn des Wahrsageprozesses gefragt wurde. Manche glauben, dass die Wahl oder das Ziehen einer Rune von den spirituellen Energien abhängt, die zu diesem Zeitpunkt in der Umgebung vorhanden sind.

Runenkunst und Runenmagie

„Bier bringe ich dir, Baum der Schlacht,
Gemischt aus Kraft und mächtigem Ruhm.
Es birgt Magie und heilende Zeichen,
Zaubersprüche voll des Guten und Glücks-Runen."
(Burrows, 2007, S.139)

Runen sind in der nordischen Mythologie heilige Symbole, die auf Steinen, Holz und Gegenständen eingraviert sind, um die Zukunft vorherzusagen oder übernatürliche Kräfte anzurufen. Dieselben Runen können auch zum Zaubern verwendet werden, da man glaubte, dass sie eine Verbindung zu den Göttern haben. In dem Gedicht *Sigrdrífomál* schenkt *Brynhild* Sigurd ein Bier, das mit Runen der Freude und des Glücks gesegnet ist. Die Lieder-Edda ist eine legendäre Sammlung altnordischer Gedichte, die zwischen 800 und 1150 n. Chr. entstanden sein soll. Dieses literarische Werk ist ein wesentlicher Bestandteil der nordischen Folklore und gibt einen Einblick in die Sichtweise der vorchristlichen Skandinavier auf ihre Welt.

In den folgenden sieben Strophen erklärt Brynhild dann die verschiedenen magischen Verwendungsmöglichkeiten der Runen. Hier ist ein Überblick über die verschiedenen Verwendungen, die Brynhild erwähnt.

- **Siegesrunen.** Werden auf Schwertgriffen eingeritzt, um einen siegreichen Kampf zu gewährleisten.
- **Bierrunen (ølrunar).** Werden als Schutzzauber gegen die Verhexung durch das von der Frau des Gastgebers servierte Bier verwendet.
- **Geburtsrunen (biargrunar).** Werden bei der Geburt eingesetzt, um eine sichere Entbindung zu unterstützen.
- **Wellenrunen (brimrunar).** Werden in die Steven und das Ruder von Schiffen eingeritzt, um vor den Gefahren des Meeres zu schützen.
- **Zweigrunen (limrunar).** Werden zu Heilzwecken in nach Osten ausgerichtete Bäume geritzt.
- **Sprechende Runen (malrunar).** Dienen dazu, die eigenen rhetorischen Fähigkeiten zu verbessern.
- **Gedankenrunen (hugrunar).** Dienen dazu, den Geist zu schärfen.

Das Wissen um die Runenmagie und die Wahrsagerei ist seit Jahrhunderten bekannt und lässt sich bis ins Mittelalter zurückverfolgen. Runen haben eine reiche Geschichte in vielen Kulturen und Sprachen, und ihre Verwendung birgt immense Kraft und Potenzial. Mit diesem grundlegenden Verständnis der Runen können Sie nun damit beginnen, die Möglichkeiten zu erforschen, die diese Symbole in Ihrem Leben eröffnen können. Im nächsten Kapitel werden wir in die Runenschriften eintauchen, um zu verstehen, wie verschiedene Sprachen diese Runenalphabete verwenden. Um sicherzustellen, dass Sie so viel wie möglich aus den Runen herausholen können, ist es wichtig, dass Sie ihren Ursprung erforschen, bevor Sie sie verwenden. So ist bekannt, dass einige von ihnen eine starke Verbindung zur altnordischen Mythologie haben. In diesem Sinne wünsche ich Ihnen, dass Sie schon bald das Glück genießen können, das das Werfen und Lesen von Runen bringen kann.

Säule 2
Runenskripte

Mit unserem Verständnis der Runologie als Grundlage ist es nun an der Zeit, die nächste Säule zu erforschen: die Runenschriften. Runen wurden für viele Zwecke verwendet, darunter Wahrsagerei und Magie, aber in erster Linie dienten sie als Buchstaben des Alphabets. Alte Runenartefakte, z. B. Runenstäbe mit eingemeißelten Symbolen, liefern uns greifbare Beweise dafür, dass die Runen zur Bildung einer Schriftsprache verwendet wurden. Man kann sein Wissen über Runen ordnen, indem man sie durch die Linse der drei wichtigsten Runenalphabete betrachtet: *Älteres Futhark, Jüngeres Futhark* und *Angelsächsisches Futhorc.* Um diese Alphabete zu verstehen, muss man sich einen Überblick über die Runenschrift verschaffen, was sie ist und wie sie in ihrem jeweiligen Kontext funktioniert.

2

Verschiedene Runenskripte

Vom 3. bis zum 16. oder 17. Jahrhundert verwendeten die Germanen in Nordeuropa, Großbritannien, Skandinavien und Island die Runen als Schriftsystem. Als Nachzügler in der Geschichte der Schriftsysteme sind diese Piktogramme viel älter als die Alphabete, in die sie integriert wurden. In diesem Kapitel werden die drei frühen Runenschriften untersucht. Es wird ihre Verbreitung und Entwicklung nachzeichnen und sich mit den Stämmen und Kulturen befassen, die sich diese Schriften zunutze machten. Machen wir einen Schritt zur Beherrschung der Runenkunde, indem wir mehr über ihre Vergangenheit erfahren. Durch die Verbindung mit einer mythischen Vergangenheit, die voller Kraft und Tiefe ist, können Runen Weisheit und Einsicht in unser heutiges Leben bringen.

Frühgermanisch

Das Ältere Futhark ist ein altes Runenalphabet, das Elemente aus dem Proto-Indoeuropäischen und den einheimischen nordeuropäischen Kulturen vereint. Es war bis zum 8. Jahrhundert n. Chr. in Gebrauch, danach entstanden andere Varianten des Runenalphabets, wie das Angelsächsische Futhorc. Diese Schrift wurde auf Gegenständen von Schmuck bis hin zu Waffen eingraviert, was auf ihre weite Verbreitung in Nordeuropa während dieser Zeit hinweist.

Zur Zeit der Entstehung des Älteren Futharks befand sich die Welt in einer Periode, die als Spätantike bekannt ist. Neue Technologien, darunter Waffen und Werkzeuge aus Eisen, ersetzten in dieser Übergangszeit die Bronze und markierten einen dramatischen Wandel in den Praktiken vieler Kulturen. Dieser Wandel setzte die Völkerwanderungszeit (300–800 n. Chr.) in Gang, in der frühe germanische Stämme in die ehemals vom Weströmischen Reich besetzten Gebiete eindrangen und sich dort niederließen – ein Ereignis, das heute liebevoll als *„Barbareninvasion"* bezeichnet wird. Die frühen germanischen Stämme brachten ihr Schriftsystem, das Ältere Futhark, mit, als sie sich über fünf Jahrhunderte in Europa ausbreiteten.

Die Runenschrift geht ins Ausland

Die Völkerwanderungszeit war eine Zeit immensen kulturellen Wandels in Europa, und mit ihr kam die Verbreitung der Schrift des Älteren Futharks. Dieses alte germanische Alphabet wurde von Deutschland aus in ganz Skandinavien, Westeuropa und sogar im Osten bis nach Polen, der Ukraine und Rumänien übernommen. In dieser Zeit war das Ältere Futhark eine Quelle der Stabilität für neue Siedler in vielen Nationen, da es eine gemeinsame Sprache für den Handel mit Waren und den Ausdruck von Ideen bot. Darüber hinaus stellte es auch eine unschätzbare Verbindung zu ihrer gemeinsamen kulturellen Vergangenheit her, indem es die vorchristliche germanische Mythologie mit den lokalen heidnischen Praktiken in ganz Europa verband.

Gelehrte führen die Anfänge des Älteren Futharks, eines Runenalphabets, das aus einer Verschmelzung der römischen und gotischen Kultur hervorging, auf ein ungewisses Datum zwischen 100 n. Chr. und 500 n. Chr. zurück. Diese Annahme wird von einigen angezweifelt, die glauben, dass es bereits 27 n. Chr. entwickelt wurde. Das älteste erhaltene Beispiel für dieses Schriftsystem ist ein alter Runenstein in Schweden, der aus dem 5. Jahrhundert n. Chr. stammt. Abgesehen davon, dass sie Aufschluss über den Ursprung der Runen gibt, wird diese Schrift seit langem von vielen Kulturen in der ganzen Welt, darunter in Skandinavien, Großbritannien und Deutschland, zu Kommunikations- und Wahrsagezwecken verwendet.

Außerdem sind alte Runen ein Relikt aus der Vergangenheit und enthalten viel Geschichte. Ein solches Artefakt ist die *Speerspitze von Kovel*, die 30 km außerhalb von Kovel, Ukraine, im frühen 3. Jahrhundert entdeckt wurde. Die darauf eingravierten Runen bedeuten in der dänischen Übersetzung vermutlich *„dorthin reiten"*. Diese Siegesrune war nicht als Prahlerei gedacht, sondern als eine Opfergabe an Odin selbst. Die immense spirituelle Bedeutung von Speeren war zu jener Zeit tief in der germanischen Kultur verankert, insbesondere bei den Goten, die diese Waffen mit magischer Verehrung behandelten. Durch diese Artefakte können wir die reiche Mythologie und den Glauben unserer Vorfahren besser verstehen.

Auch in der Mystik und Mythologie der frühen Germanen haben die Runen seit langem eine besondere Bedeutung und einen besonderen Zweck. Zwischen dem 7. und 9. Jahrhundert n. Chr. erfuhr das Ältere Futhark eine Umgestaltung, aus der zwei verschiedene Runenalphabete hervorgingen. Dieser Zeitraum markiert den Beginn des Wikingerzeitalters, das von der europäischen Entdeckung und Kolonisierung geprägt war. Außerdem war dies die Zeit, in der die Runen für politische Zwecke, persönliche Überlegungen und Geschichten des täglichen Lebens verwendet wurden.

Angelsächsisch

Während der Wikingerzeit plünderten, brandschatzten, eroberten und kolonisierten die Nordmänner weite Teile Europas. Neben ihren Siedlungen auf den britischen Inseln und in Irland, Grönland und der Normandie erreichten sie auch Osteuropa. Einer der kühnsten Wikinger setzte seinen Fuß sogar nach Nordamerika, als er in Neufundland landete, und war damit der erste Europäer, der dies tat. Die Nordmänner errichteten auch gewaltige Königreiche und Grafschaften in ganz Europa und Großbritannien. Dazu gehören York *(Jórvík)* im Norden Northumbriens und Dublin *(Dyflin)* in Irland. Neben ihrer Kultur und ihren Traditionen brachten sie bei ihrer Ausbreitung über Nordeuropa und die britischen Inseln auch ihr charakteristisches Runenschriftsystem mit.

Die aus dem germanischen Raum stammenden Kelten gelangten bereits 500 v. Chr. nach Großbritannien. Es gibt jedoch keine erhaltenen Beweise dafür, dass sie Runen oder ein Schriftsystem verwendeten. Dies kann auf ihre rasche Eroberung und Kolonisierung durch die Römer zurückgeführt werden, die jeden außerhalb Roms als „Barbaren" betrachteten, anstatt ihre Geschichte zu bewahren. Während dieser Zeit war Latein das vorherrschende Schriftsystem auf den britischen Inseln. Trotzdem wurde es aufgrund der mangelnden Lese- und Schreibfähigkeit nur begrenzt verwendet.

Während der Invasion Britanniens im 5. Jahrhundert n. Chr. durch die Angeln, Sachsen und Jüten sollen die Runen jedoch in den Geschichtsbüchern dokumentiert worden sein. Nach ihrem Sieg über die Römer blieben die Angelsachsen hauptsächlich in England. Sie entwickelten sich auch zu dem, was heute als englische Rasse bekannt ist, während Irland, Schottland und Wales mehr keltischen Einfluss behielten. Es gibt zahlreiche Hinweise auf die Verwendung von Runen in den von den Angelsachsen kontrollierten Gebieten.

Nordisch

Während sich das Ältere Futhark in Großbritannien zum Angelsächsischen Futhorc entwickelte, fand auf dem europäischen Kontinent ein Wandel statt. Zeitgleich mit der Wikingerzeit kam das Jüngere Futhark auf. Obwohl sich beide Runenschriften vom Älteren Futhark ableiteten, wiesen sie einige entscheidende Unterschiede auf. Der Hauptunterschied besteht darin, dass dem Futhorc zusätzliche Runen hinzugefügt wurden, während im Jüngeren Futhark acht entfernt wurden, sodass nur 16 Zeichen übrig blieben. Diese Vereinfachung begann im späten 7. Jahrhundert und wurde um das 9. Jahrhundert herum abgeschlossen, als die Wikinger einen Großteil Europas beherrschten. In dieser Zeit entstanden die Formen und Stile, die wir heute gemeinhin mit Runen assoziieren, und ihre berühmtesten Anwender: *die Nordmänner oder Wikinger.*

Jüngeres Futhark und die Wikingerzeit

Man nimmt an, dass das Jüngere Futhark seit etwa 800 n. Chr. in Gebrauch war, und seine Einführung hat die Geschichte der Schrift, wie wir sie kennen, verändert. Mit ihrer raschen Verbreitung in Skandinavien und den Siedlungen der Wikingerzeit wurden diese Runen von Königen, Kriegern, Händlern und Bürgern verwendet. Sie benutzten die Runen aus verschiedenen Gründen: um etwas zu dokumentieren, einen Liebesbrief zu verfassen oder die Götter anzurufen. In der Folgezeit war das Runenalphabet vielseitig genug, um für alles verwendet zu werden, was der Mensch wollte.

Im Vergleich zu seinem Vorgänger, dem Älteren Futhark, einer *„geheimen"* Schrift, die nur den gebildeten Eliten bekannt war und zu religiösen Zwecken verwendet wurde, öffnete das Jüngere Futhark allen Gesellschaftsschichten den Zugang zum Lesen und Schreiben. Altnordisch war weiterhin hauptsächlich eine gesprochene Sprache. Durch die Einführung dieser vielseitigen Runen, die so gut wie alles konnten, nahm die Schrift jedoch drastisch zu.

Als das Jüngere Futhark aufkam, wurde es in zwei Dialekte unterteilt. Dabei handelt es sich um die dänischen Langzweigrunen und die schwedischen oder norwegischen Kurzzweigrunen. Erstere wurden für Inschriften auf Stein verwendet, letztere hingegen für alltägliche Zwecke. Beide wurden jedoch auch privat und offiziell in Holz eingeritzt. Im Laufe der Zeit entwickelten sich die Kurzzweigrunen zu einer einfacheren Version ihrer langzweigigen Gegenstücke. Im 10. Jahrhundert n. Chr. nahmen diese weiter vereinfachten Runen in einem Dialekt Gestalt an, der *„Hälsinge"* oder *„stablose Runen"* genannt wird. Dieser Dialekt hat seinen Ursprung in Hälsingland, Schweden. Er war auch der Höhepunkt des allmählichen Prozesses, bei dem das Ältere Futhark seiner jüngeren Variante wich. Diese stablosen Runen werden so genannt, weil bei ihnen in der Regel der Stab (die vertikale Linie) weggelassen wird, was das Schreiben längerer Texte erleichtert.

Die Versuche, die Runen des Jüngeren Futharks für den alltäglichen Gebrauch zu adaptieren, scheiterten jedoch, und Latein wurde schließlich in ganz Skandinavien zum bevorzugten Schriftsystem, als die Region zunehmend christianisiert wurde. Im 12. Jahrhundert wurde in Skandinavien überwiegend Latein als Schriftsprache verwendet, und die Runen kehrten zu ihrem ursprünglichen Zweck als „Geheimschrift" zurück.

Mittelalterlich

Als sich die Wikingerzeit ihrem Ende näherte, wurden mit der Erfindung der punktierten, oder gestochenen, Schreibweise die *„mittelalterlichen Runen"* eingeführt. Diese neuen Runen fügten eine Punkt- oder Balkenakzentmarkierung hinzu, um das Problem des Jüngeren Futharks zu vereinfachen, dass eine Rune mehr als einen Laut repräsentierte. Die verschiedenen Akzente unterschieden zwischen *„i"*-, *„e"*- und *„j"*-Runen, je nachdem, ob ein Punkt, ein Balken oder gar nichts vorhanden war.

Zu Beginn des 13. Jahrhunderts hatte sich das mittelalterliche Runenalphabet vollständig herausgebildet. Dieses Alphabet erweiterte die 16 Zeichen des Jüngeren Futharks und erreichte schließlich 27. Diejenigen, die Runen schnitzten, die sogenannten Runenmeister, zogen es oft vor, bestehende Runen zu verwenden und zu verändern, anstatt neue zu schaffen. Auf diese Weise wurden viele der im Futhark enthaltenen Runen direkt von denen des Älteren Futharks abgeleitet. Obwohl es subtile Unterschiede zwischen den Versionen dieser alten Symbole geben mag, bleiben ihre esoterischen Bedeutungen in jeder Schrift im Wesentlichen unverändert.

Die Runen kehren zu ihrer ursprünglichen Verwendung zurück

Als das Runenalphabet im Mittelalter zu seiner endgültigen Form von 27 Zeichen überging, wurde Latein auch in Skandinavien eingeführt. Dennoch blieb es bis zum 16. Jahrhundert eine fremde Schrift. Das bedeutete, dass die Runenschrift weiterhin für offizielle Denkmäler und Aufzeichnungen von wichtigen Ereignissen verwendet wurde. Auch für das Schreiben von Tagebüchern und die Ausübung von Magie oder Wahrsagerei war sie weit verbreitet. Dies galt insbesondere für Island, wo bis ins 19. Jahrhundert hinein Runengedichte und -handschriften in mittelalterlichen Runen verfasst wurden. Auch in Schweden wurden bis zu dieser Zeit hauptsächlich Runenkalender verwendet. Darüber hinaus hat sich das Wissen um ihre magische und divinatorische Verwendung durch die Entwicklung der Runenkunde im 16. Jahrhundert erhalten.

Runologie

Die Runen werden schon viel länger als das Tarot zu Wahrsagezwecken verwendet und studiert. Ihre Verwendung lässt sich mindestens 2.000 Jahre zurückverfolgen. Das Studium der Runen begann im 16. Jahrhundert mit dem spezialisierten Zweig der deutschen Linguistik, der als Runologie bekannt ist. Wie bereits im vorigen Kapitel erwähnt, begann die wissenschaftliche Erforschung der Runen mit dem schwedischen Universalgelehrten Johannes Bureus. Bureus betrachtete die Runen als Werkzeuge der Magie und Wahrsagerei, die ihm seine altnordischen Vorfahren überliefert hatten. Er schuf sogar seine eigene esoterische Interpretation der Runen. Bureus mag zwar der erste Runologe gewesen sein, aber er war gewiss nicht der letzte. Auf diese Weise haben sich die Runenschrift und die verborgene Bedeutung der Runen bis in die heutige Zeit fortgesetzt.

Jetzt, da Sie die Geschichte und Anwendung der Runen verstehen, ist es an der Zeit, die Magie, die Rituale und die Weisheit der Runen in Ihr Leben zu integrieren. In den folgenden Kapiteln lernen Sie, wie Sie die legendäre Macht und Weisheit dieser zeitlosen Symbole nutzen können, um Zugang zu Ihrer Intuition zu erhalten.

3

Älteres Futhark

Als ältestes bekanntes Runenalphabet ist das Ältere Futhark eine mächtige Quelle des Wissens und Verständnisses. Es bildet die Grundlage für alle anderen Runenschriften und enthält 24 einzigartige Zeichen mit unterschiedlichen Bedeutungen. Uralte Runen wurden von Kulturen auf der ganzen Welt verwendet, um miteinander zu kommunizieren und Zugang zu göttlichem Wissen zu erhalten. In diesem Kapitel werden ihre Bedeutungen erklärt und Anleitungen gegeben, wie Sie sie bei Ihren Runenwürfen interpretieren können. Darüber hinaus können diese Symbole auch heute noch dazu beitragen, Sie mit universellen Energien zu verbinden, um spirituelles Wachstum und Erkenntnis zu erlangen.

Die Ættir des Älteren Futharks

Das alte Alphabet des Älteren Futharks ist in drei verschiedene Gruppen von acht Runen unterteilt, die im Altnordischen „Ættir" genannt werden. Diese Gruppen sind eng miteinander verknüpft und können genutzt werden, um Verbindungen zwischen Vergangenheit und Gegenwart herzustellen. Jede Gruppe ist reich an symbolischer Bedeutung und stellt altnordische Götter, Konzepte und Glaubensvorstellungen dar. Zu den drei Ættir des Älteren Futharks gehören die folgenden:

- Freyr/Freyjas Ætt
- Heimdalls Ætt
- Týrs Ætt

Jedes Ætt, was so viel wie „Familie" oder „Geschlecht" bedeutet, ist eine Gruppe von Runen, die einem bestimmten Gott aus dem nordischen Pantheon zugeordnet sind. Faszinierenderweise stimmt der Name jedes Gottes mit dem ersten Buchstaben des entsprechenden Runensatzes überein – des Älteren Futharks. Erfahren Sie mehr über diese magische Sprache, indem Sie die verschiedenen Ættir und ihre göttlichen Herrscher kennenlernen.

Freyr/Freyjas Ætt

Die beiden mächtigen Zwillinge der nordischen Mythologie, Freyr und Freyja, beherrschen die ersten acht Runen des Älteren Futharks. Freyr und Freyja, Kinder von Njord, gehören zum Pantheon der Wanen. Diese Klasse der nordischen Götter wird mit Weisheit, Fruchtbarkeit und der Fähigkeit, in die Zukunft zu sehen, in Verbindung gebracht.

Freyr bedeutet auf Altnordisch „Herr" und ist der Gott der Fruchtbarkeit. Er war einer der am meisten verehrten Götter sowohl bei den Nordmännern als auch bei den Germanen. Als Gott der Fruchtbarkeit hatte Freyr Macht über alles, was wuchs, weshalb er von den nordischen und germanischen Völkern so verehrt und angebetet wurde. Freyja hingegen bedeutet auf Altnordisch „Frau" und ist die Göttin der Liebe und Schönheit, des Sex und des Krieges, des Goldes und der Fruchtbarkeit. Sie ist auch die Göttin von seiðr *(seidr)*, dem altnordischen Wort für eine Art von Magie, die es erlaubt, in die Zukunft zu sehen und sie zu beeinflussen.

Freyrs und Freyjas Runensatz ist als das Ætt des Ernährers bekannt – eine Darstellung von Leben, Liebe, Glück und Freude. Wie

Tarotkarten haben auch die Runen entsprechende Bedeutungen. Ihre Bedeutungen hängen auch davon ab, ob sie aufrecht oder merkstave (umgedreht) sind. Die merkstave Bedeutung ist nicht das genaue Gegenteil der ursprünglichen Deutung; betrachten Sie sie als einen Schatten zu ihrem Licht. Nicht alle Runen haben jedoch eine merkstave Version, denn bei einigen ist es unmöglich zu erkennen, ob sie auf dem Kopf stehen. Für das Runenwerfen werden wir die acht Runen von Freyr/Freyjas Ætt untersuchen und ihre hellen und dunklen Bedeutungen diskutieren. In den meisten nordischen Religionen wird die Wahrsagerei als ein Weg angesehen, Einblicke in die persönliche Entwicklung zu erlangen, und nicht als ein Versuch, zukünftige Ereignisse vorherzusagen. Daher kann das Wissen über die nordische Mythologie helfen, diese Runen besser zu deuten.

Fehu (ᚠ)

Die Rune Fehu steht in Verbindung mit dem nordischen Gott Freyr und der Göttin Freyja. Sie erinnert auch daran, dass Erfolg durch harte Arbeit und Anstrengung erreicht werden kann, anstatt sich nur auf Glück zu verlassen. Er symbolisiert auch Überfluss, Glück und das Potenzial für Wachstum in verschiedenen Lebensbereichen. Darüber hinaus gibt es zahlreiche Interpretationen von Fehu, die sich auf Energie, Voraussicht, Schöpfung und Zerstörung beziehen. Mit anderen Worten: Es steht für die Kraft, eine gegenwärtige Situation in etwas Größeres zu verwandeln. Letztlich steht Fehu für Hoffnung, Reichtum und Freude, die erreicht werden können, wenn wir die notwendigen Schritte in Richtung Wohlstand unternehmen.

Wenn Fehu umgedreht ist, weist es auf einen Verlust aufgrund der eigenen Handlungen oder des eigenen Verhaltens hin. Es kann sich auf den Verlust von materiellen Besitztümern, Vermögenswerten oder Selbstwertgefühl beziehen und als Gier, Zwietracht in Beziehungen und Burn-out interpretiert werden. Darüber hinaus kann die negative Form von Fehu Armut, Feigheit oder Verpflichtungen symbolisieren. All dies mahnt uns zur Vorsicht im Leben und bei unseren Entscheidungen, die größere Auswirkungen haben könnten als beabsichtigt.

Ūruz (ᚢ)

Die Rune Ūruz ist die zweite in Freyr/Freyjas Ætt und geht auf die proto-germanische Sprache zurück. Diese Form symbolisiert körperliche Stärke und ungezähmtes Potenzial. Wenn sie bei einer Weissagung mit der Vorderseite nach oben erscheint, bedeutet sie enorme Energie und verborgene Macht. Die merkstave Form hingegen steht für Schwäche, Irreführung, Besessenheit, Lust und Gewalt. Je nachdem, wo sie in Verbindung mit anderen Runen auftaucht, kann Ūruz für Verständnis, Weisheit, Sexualität, sexuelles Verlangen oder Männlichkeit stehen. Durch diese verschiedenen Linsen interpretiert, deutet Ūruz auf Positivität hin. Doch es kommen unerwartete Veränderungen in Ihr Leben, aufgrund persönlicher Entwicklung und der Notwendigkeit achtsamer Handlungen.

Thurisaz (ᚦ)

Das „th" des Futharks, Thurisaz, bedeutet vermutlich „Riese", wie das Fabelwesen. Die nordischen Götter waren oft in einen Krieg mit diesen mächtigen Wesen verwickelt. Ragnarök wurde von Feuerriesen ausgelöst, die sich in der apokalyptischen Schlacht mit Loki und Surtr gegen Odin und die Æsir verbündeten. Interessanterweise teilten nicht alle Gottheiten diese Feindschaft; Thor war ein Halbriese und Odins ältester Sohn. Außerdem wurden Riesen oft mit Weisheit, Stärke und verborgenem Wissen in Verbindung gebracht, Symbole göttlicher Macht, die erklären könnten, warum die Götter sie so heftig bekämpften.

Darüber hinaus ist die Rune Thurisaz geschichtsträchtig und steht für die Kraft der Dualität. Sie ist stark mit der magischen Symbolik verbunden und steht für die Kräfte der Verbindung und des Gegensatzes im Universum. Diese gegensätzlichen Kräfte können für konstruktive Zwecke genutzt werden. Sie können aber auch zu Konflikten, Abwehrhaltung oder Zerstörung führen, wenn sie nicht kontrolliert werden. Als Repräsentant von Vitalität und sexueller Energie soll Thurisaz Fruchtbarkeit und unkontrolliertes Bestreben symbolisieren. Das Verständnis dieser komplizierten Beziehung zwischen positiven und negativen Punkten kann mächtigere Aspekte des eigenen Willens freisetzen.

Wenn Thurisaz in einer Legung merkstave vorkommt, kann es als eine Warnung vor möglichem Verrat, Bosheit, Hass oder Lügen im eigenen Leben gesehen werden. Als solches ist es mit Gefühlen der Verwundbarkeit verbunden. Ebenso kann es als Zeichen dafür interpretiert werden, dass im Umfeld oder in den Beziehungen einer Person etwas nicht stimmt.

Diejenigen, die auf der Suche nach weiteren Einsichten sind, könnten diese Rune verwenden, um zu beurteilen, ob es in ihrem Leben negative Einflüsse gibt, die es zu beseitigen gilt. Darüber hinaus wird die Rune seit Jahrhunderten von Menschen verwendet, die Ratschläge für ihre Zukunft und über mögliche Entwicklungen suchen. Dadurch erhält sie eine weitere Bedeutungsebene, wenn sie in Lesungen auftaucht.

Ansuz (ᚠ)

Die dem Buchstaben „a" entsprechende Rune „Ansuz" steht für Einsicht und die Verbindung zum eigenen spirituellen Selbst. Sie kann als Segen interpretiert werden, der einem zuteilwird, oder als Hinweis darauf, göttlichen Rat anzunehmen. Dieses Symbol des Wissens und der Weisheit, von dem man annimmt, dass es sich auf Odin selbst bezieht, ist ein Vorzeichen für gute Gesundheit, Wahrheit und Harmonie. Darüber hinaus steht dieses uralte Symbol für spirituelle Führung und erinnert daran, dass man den

Rat beherzigen sollte, den die Götter einem geben. Ansuz wird auch mit kreativer Kommunikation in Verbindung gebracht, sodass die Rune für diejenigen ein gutes Zeichen sein kann, die etwas schaffen oder sich mit ihrem Publikum sinnvoll auseinandersetzen wollen. Wenn Ansuz umgekehrt erscheint, kann sie vor Missverständnissen, Manipulationen und negativen Gefühlen wie Eitelkeit und Arroganz warnen.

Raidho (ᚱ)

Das „r" des Futharks, Raidho, symbolisiert eine Reise sowohl im weltlichen als auch spirituellen Sinn. Sie zeigt an, dass Sie dabei sind, eine Reise anzutreten, die zu persönlichem Wachstum und Entwicklung führt. Diese Rune ermutigt zu entschlossenem Handeln, um den besten nächsten Schritt zu machen. Sie bezieht sich auch auf den Lebensrhythmus und darauf, wie sich Ihr persönlicher Rhythmus an diesen anpassen kann. Darüber hinaus wird angenommen, dass die Verwendung dieser Rune in Erdungsritualen dabei hilft, negative Energie zu beseitigen, die Sie daran hindert, Ihre Reise fortzusetzen. Letztlich spricht Raidho von der Schönheit der Entdeckung und der sich verändernden Perspektiven, die mit der Reise auf dem Lebensweg einhergehen.

In seiner merkstaven Form deutet Raidho auf eine Zeit der Unterbrechung und der bevorstehenden Krise hin. Dies könnte als Warnung gedeutet werden, dass etwas im Begriff ist, Ihren Fortschritt oder Ihre Reise im Leben zu stören oder aufzuhalten, oder sogar, dass der Tod selbst droht. In der nordischen Mythologie wurde Raidho mit Reisen, Kommunikation und dem Zurücklegen großer Entfernungen in Verbindung gebracht. Sie wurde auch mit dem Tod und dem Leben nach dem Tod assoziiert. Diese Verbindung zu Schicksal und Bestimmung macht diese Rune wichtig für die Wahrsagerei und das Verständnis von Lebensereignissen.

Kaunan (‹)

Kaunan, die „k"-Rune des Älteren Futharks, ist eng mit der Heilung verbunden. Diese Interpretation der Rune entstand während einer Periode magischer und spiritueller Praktiken in Skandinavien. Man glaubte, dass die Rune denjenigen, die Hilfe bei der Genesung von Krankheiten oder Verletzungen suchten, Kraft und Mut verleihen würde. Wenn man ihre Bedeutung genauer betrachtet, kann Kaunan als Aufforderung verstanden werden, sich mutig auf körperliche und geistige Gesundheit zuzubewegen. Ähnlich wie die Rune Kenaz (Fackel), die viele bevorzugen, steht diese ursprüngliche k-Rune für neue Möglichkeiten und die Wiederentdeckung der inneren Stärke.

Das Auftauchen von Kaunan bei Lesungen oder die Interaktion damit kann tiefgreifende Veränderungen der Energie und der Entscheidungen bewirken – sowohl positive als auch negative. Ebenso wird sie mit Offenbarung, Wissen, Kreativität, klaren Visionen und neuen Energiequellen in Verbindung gebracht, die es Ihnen ermöglichen, das Leben zu gestalten, das Sie sich wünschen. Auf der Schattenseite steht Kaunan jedoch für falsche Hoffnung, Instabilität, Verlust von Illusionen, mangelnde Kreativität und bevorstehende Krankheiten. Sie könnte auch auf eine Trennung oder das Gefühl, bloßgestellt zu sein, hindeuten. Die Berücksichtigung der Aspekte dieses Symbols kann Ihnen helfen, Ihre Deutungen zu interpretieren und mögliche persönliche Veränderungen aufzudecken.

Gebo (X)

Die erste Rune des Runenalphabets nach dem „Futhark", Gebo, ist vom Phonem „g" abgeleitet und wird mit „Geschenk" übersetzt. Diese Rune steht für ein Gleichgewicht zwischen Geben und Nehmen. Sie ist jedoch nicht auf materielle Dinge beschränkt. Vielmehr umfasst sie auch emotionale und geistige Geschenke, die in Beziehungen und Geschäftsverträgen ausgetauscht werden. Darüber hinaus steht sie für einen Energietransfer, der je nach Verwendung vorteilhaft oder nachteilig sein kann. So symbolisiert Gebo die Bedeutung eines ausgewogenen Verhältnisses zwischen Großzügigkeit und Durchsetzungsvermögen.

Im Kontext der Wahrsagung kann Gebo eine Gabe oder ein Geschenk bedeuten, für das man eine Gegenleistung erwartet. Sie kann auch darauf hinweisen, dass eine Person zu viel gegeben hat, was zu Gefühlen von Einsamkeit, Gier oder Verpflichtung führt. Wenn sie jedoch in Opposition zu anderen Runen steht, ändert sich die Bedeutung von Gebo und sie zeigt einen Verlust des Gleichgewichts an. So kann es sich entweder um eine übermäßige Selbstaufopferung handeln oder darum, unverschuldet Zahlungen leisten zu müssen. In diesen Fällen kann sie auch als ein Zeichen für Bestechung angesehen werden.

Wunjo (ᚹ)

Wunjo ist die 24. Rune im Älteren Futhark. Sie wurde verwendet, um sowohl die Buchstaben „w" als auch „v" darzustellen, wobei ihre Bedeutung mit Freude, Liebe, Fruchtbarkeit, spiritueller Belohnung und Gemeinschaft verbunden ist. Ebenso bringt sie Komfort, Vergnügen, Erfolg, Harmonie und Wohlstand. Es ist aber auch wichtig, daran zu denken, dass ein Zuviel des Guten schlecht sein kann. Vermeiden Sie es daher, bei der Interpretation von Wunjo zu übertreiben.

Außerdem geht man davon aus, dass Wunjo seinen Ursprung in der Wikingerkultur hat, wo es mit dem Gott Odin und seinem berüchtigten Zorn in Verbindung gebracht wurde. In der Folge ist die merkstave Version dieser Rune ein Zeichen der Verzweiflung. Ebenso wird sie mit falschen Entscheidungen oder Entfremdung von anderen in Verbindung gebracht. In extremen Fällen kann sie für unkontrollierte Wut, außer Kontrolle geratene Raserei und sogar Rausch oder Besessenheit stehen. Dieser Rune wird nachgesagt, dass sie einen Zustand der Verwirrung und Gedankenlosigkeit anzeigt. Sie kann auch einen Mangel an Kontrolle über die eigenen Handlungen und eine Entfremdung von der Realität bedeuten.

Mit Wunjo kommen wir zum Ende des Ætt des ersten Grades, über das der „Herr" Freyr und die „Herrin" Freyja herrschen. Wie die beiden Götter, die es beherrschen, besteht auch dieses Ætt aus Gegensätzen. Tatsächlich besteht das Wort „Futhark" aus drei Runenpaaren. Fehu und Ūruz, das Domestizierte und das Wilde. Dann Thurisaz und Ansuz, die Riesen und die Götter. Zuletzt Raidho und Kaunan, die Reise (Erfahrung) und die Krankheit (Wissen). Gehen wir nun zum nächsten Ætt des Älteren Futharks über und erforschen wir weitere Aspekte, die dieses alte Alphabet zu bieten hat.

Heimdalls Ætt

Heimdall wird in der nordischen Mythologie als Wächter von Asgard, dem Reich der Götter, beschrieben. Heimdall erhielt von Odin, dem Hauptgott, dem er treu diente, die Aufgabe, ein als Gjallarhorn bekanntes Horn zu blasen, wenn Ragnarök beginnt. Dies dient als Alarm und Warnung für alle Wesen in Asgard. Neben seiner Rolle als Wächter von Asgard wacht Heimdall auch über Bifröst, eine verzauberte Regenbogenbrücke, die Midgard (das Reich der Sterblichen) und Asgard verbindet. Als Gegengewicht zu Heimdalls Rolle bei der Bewachung des Himmelstores dient Móðguðr (Modgudr). Móðguðr ist eine jungfräuliche Ettin, die über die Gjallarbrú wacht. Dies ist eine Brücke über den Fluss Gjöll, der in der nordischen Mythologie zur Hölle führt. Daher hat Móðguðr die Aufgabe, die kürzlich Verstorbenen über die Brücke zu führen, damit sie nicht in das Land der Lebenden zurückkehren.

Der Wächter des Himmels und die Wächterin der Hölle, die über dieses Ætt herrschen, symbolisieren Veränderung, Wachstum und

Transformation. Diese Runen können Ihnen helfen, Ihren Sinn und Ihre Kraft zu finden, um die Herausforderungen des Lebens zu meistern. Mithilfe dieser acht Runen können Sie tiefere Bedeutungen in Ihrer Umgebung entschlüsseln und sie als Leitfaden für Ihre Entscheidungen nutzen. Wenn Sie lernen, diese Symbole zu lesen und zu interpretieren, können Sie verborgene Ebenen des Verständnisses freilegen, die Ihnen Einblick in unser Leben geben. Diese Runengruppe ist also viel mehr als ein einfaches Wahrsagewerkzeug; sie ist ein Tor zur Selbstentdeckung und Erleuchtung.

Hagalaz (H)

Die erste Rune in diesem Set ist Hagalaz (h), was „Hagel" bedeutet. Diese Rune symbolisiert die zerstörerische, schöpferische Kraft der Natur und der Dinge, die außerhalb unserer Kontrolle liegen. Man kann sich die drei Ættir als drei „Ebenen" einer Lebensreise vorstellen. Das erste Ætt befasst sich mit den äußeren und inneren Einflüssen, die das Individuum schaffen. In der zweiten Gruppe, die manchmal als Ætt der Hölle bezeichnet wird, geht es um Prüfungen und Herausforderungen, die dem Individuum helfen, zu wachsen und sich weiterzuentwickeln. Dies wird von der ersten Rune – Hagalaz – aufgegriffen, die das Mäßigen, die Probe oder das Aushalten einer Prüfung symbolisiert, was zu erhöhter innerer Harmonie führt, wenn der Sturm zuvor überstanden werden kann.

Hagalaz ist die zweite Rune, die nicht merkstave auftreten kann. Wie bei Gebo bedeutet dies nicht, dass Hagalaz nicht auf eine „dunkle" Art und Weise gedeutet werden kann, sondern dass es sich um eine weitere Rune handelt, die nur dann in Opposition liegt, wenn sie bei einem Wurf schräg oder auf die Seite fällt. Wenn sie in Opposition liegt, warnt Hagalaz vor einer bevorstehenden Naturkatastrophe oder einer Katastrophe irgendeiner Art oder Form. Es kann auch bedeuten, dass man die Macht verliert oder sich machtlos fühlt, den Schmerz und das Leid in seinem Leben zu kontrollieren.

Naudiz (ᚾ)

Das „*n*" des Älteren Futharks, Naudiz, steht für eine Zeit der Not und Bedrängnis. Es ist ein Hindernis auf dem Weg zum Erfolg und fordert Sie auf, Ihre innere Stärke zu nutzen und mehr Entschlossenheit zu zeigen. Naudiz verlangt von Ihnen, Ihre Emotionen zu beherrschen und während eines Konflikts mit Gelassenheit zu handeln. Diese Eigenschaften stehen für Ausdauer und Entschlossenheit im Leben. Dieses kraftvolle Symbol impliziert Überleben und bietet eine einzigartige Gelegenheit, in schwierigen Momenten Geduld zu üben. Mit seinen Ursprüngen in der nordischen Mythologie ist Naudiz ein Symbol für den Weg zum Triumph.

Auf der anderen Seite bedeutet Naudiz Einschränkung und Mangel an Autonomie. Es kann in verschiedenen Formen auftreten, von mühsamer Arbeit bis hin zu Entbehrungen und dem Entzug lebenswichtiger Dinge. Dies kann auch als unerfüllte Bedürfnisse, finanzielle Instabilität und fast unerträglicher Hunger interpretiert werden. In extremen Fällen kann ein merkstaves Naudiz sogar den Tod durch Verhungern oder Armut bedeuten. Zur weiteren Erläuterung dieses Konzepts: In der isländischen Kultur glaubte man, dass sich die Seele eines Menschen, der seine Grenzen überschritten hatte oder mit demütigenden Bedingungen konfrontiert war, in ein Gespenst verwandelte, das als „Naudhiz" bekannt war. Als solcher ist er gezwungen, den Rest seines Lebens in schrecklicher Armut und Entbehrung zu verbringen.

Isaz (ᛁ)

Mit der Bedeutung von „Eis" ist Isaz (i) die Rune der Herausforderung, der Frustration und der Suche nach einem Weg, sie zu überwinden. Das Bild des Einfrierens ist die beste Art, diese Rune zu interpretieren. Als solche zeigt Isaz an, dass Sie sich physisch oder psychisch in einem Zustand eingefrorener Handlung, einer Blockade, befinden. Um diesen Zustand zu beheben, sollten Sie sich eine Auszeit nehmen, um Klarheit in Ihrem Inneren zu finden und sich auf das vorzubereiten, was auf Sie zukommt, wenn Sie sich *aus der Erstarrung befreien*. Isaz ist eine Rune, die die Bedeutung oder Interpretation der anderen Runen, die mit ihr zusammen geworfen worden sind, verstärkt. Außerdem hat Isaz keine merkstave Form. Wenn sie jedoch in Opposition liegt, kann sie als egoistisches Verhalten oder übermäßiges Schwelgen in Sinnesfreuden interpretiert werden. Ebenso kann sie eine Vorwarnung auf einen möglichen Vertrauensbruch oder Verrat sein oder darauf hinweisen, dass ein Komplott gegen Sie im Gange ist.

Jēran (ᛃ)

Die j-Rune oder „*Jēran*" symbolisiert, dass man die Früchte seiner Bemühungen ernten kann. Sie kann auch so interpretiert werden, dass sie Frieden, Wohlstand, Glück, Hoffnung und Erfolg bedeutet. Manchmal wird sie auch als „Jera" bezeichnet und steht für den kontinuierlichen Kreislauf des Lebens im Universum. Es wird angenommen, dass das Erscheinen dieser Rune als positives Omen Glück und Fülle in allen Lebensbereichen bringt. Außerdem hat Jēran die Bedeutung einer „*guten Ernte*" oder eines „*guten Jahres*". Daher bedeutet sie für die Menschen eine größere Gewissheit, dass ihre Zukunft von Fülle geprägt sein wird.

Auch Jēran besitzt keine merkstave Version. Dennoch wird diese Rune oft als Zeichen des Unglücks angesehen und kann Verzögerungen oder Störungen von Plänen ankündigen. Wer diese Rune in Opposition hat, muss damit rechnen, dass sein Glück ohne Vorwarnung zunichtegemacht wird. Sie zeigt auch, dass das Timing alles ist, wenn es darum geht, bedeutende Veränderungen vorzunehmen. Außerdem unterstreicht sie, wie wichtig es ist, auf das Unerwartete vorbereitet zu sein.

Eihwaz (ᛇ)

Eihwaz, die einem Lautwert zwischen „e" und „i" bzw. „ei" entspricht, steht für die *„Eibe"* und leitet die zweite Hälfte des Älteren Futharks ein. Symbolisch repräsentiert sie auch Yggdrasil, den Weltenbaum, und damit Stärke, Verlässlichkeit, Vertrauenswürdigkeit und Zuverlässigkeit. In der nordischen Mythologie wird diese Rune mit Erleuchtung und Schutz in Verbindung gebracht. Eihwaz ist ein Zeichen dafür, dass Sie auf dem richtigen Weg sind, um Ihre Ziele zu erreichen, und dass Sie sie mit Anstrengung verwirklichen können. In ihrer umgekehrten Form (merkstave) kann Eihwaz auf Verwirrung oder Schwäche hinweisen. Dann weist sie auf die Notwendigkeit hin, Klarheit zu suchen und innere Stärke zu gewinnen. Letztlich erinnert diese Rune an das Potenzial der Menschheit, sich selbst zu entdecken und zu wachsen.

Perthro (ᛈ)

Obwohl die genaue Bedeutung von Perthro, dem *„p"* des Älteren Futharks, nicht bekannt ist, weiß man, dass die Rune einen Losbecher darstellt. Krieger benutzten diesen alten Becher, um vor einer Schlacht das Los zu ziehen und ihr Schicksal zu bestimmen. Perthro wird mit Orlog in Verbindung gebracht, einem altnordischen Begriff für *„Schicksal"* oder die grundlegenden Prinzipien des Universums, und steht für Geheimhaltung, verborgenes Wissen und das Verständnis unseres Schicksals. Manche interpretieren es als Bestimmung des eigenen Weges, während andere es als Zeichen der Ungewissheit betrachten. Außerdem heißt es, dass das Ziehen von Losen mit dieser Rune den Nordeuropäern als Mittel zur Kommunikation mit ihren Göttern in Zeiten der Krise und des Umbruchs diente. In der Merkstave-Lesart suggeriert Perthro jedoch das Gefühl von Abhängigkeit und Einsamkeit. Sie kann zum Beispiel als Zeichen für mangelnden Fortschritt, tiefes Unglücklichsein oder emotionales Unwohl gesehen werden.

Algiz (ᛉ)

Im alten Runenalphabet symbolisiert Algiz oder „z" Schutz und steht für die spirituelle Verbindung zwischen Sterblichen und Göttern. Sie dient als Schild, um böse Mächte abzuwehren, und hilft dabei, sich mit dem eigenen höheren Selbst zu verbinden. Ebenso kann sie auf ein Erwachen oder eine göttliche Gunst im eigenen Leben hinweisen. Außerdem zeigt sie, wie wichtig es ist, die Energie zu kontrollieren, um mögliche Fallstricke zu vermeiden. Umgekehrt deutet sie in ihrer merkstaven Form auf versteckte Gefahren oder den Verlust des Zugangs zur spirituellen Welt hin. Sie ist also ein Zeichen der Ablehnung und signalisiert, dass bald etwas geändert werden sollte.

Sowilō (ᛋ)

Die letzte Rune von Heimdalls Ætt, Sowilō, bedeutet „*Sonne*" und steht für Erfolg, Leistung und Ehre. Sie spricht auch von Ganzheit, positiver Transformation und der Kraft, Ambitionen zu verwirklichen. Diese Rune stellt eine Verbindung zwischen dem höheren Selbst und den innersten Gedanken und Gefühlen her und erinnert daran, dass die Energie der Sonne genutzt werden kann, um negative Einflüsse zu beseitigen. Daher ist sie ein Symbol für spirituelle Reinigung und Erneuerung. Außerdem wird angenommen, dass Sowilō Zugang zu größerem Bewusstsein und Intuition gewährt, was ein tieferes Verständnis der eigenen Existenz ermöglicht.

Eine merkstave Sowilō-Rune deutet auf einen Mangel an Verbindung mit unserem spirituellen Selbst hin. Sie könnte auf Täuschungen, Irreführung und Handlungen hindeuten, die aus schlechten Ratschlägen resultieren. Als Omen kann sie bedeuten, dass man beim Erreichen seiner Ziele scheitern wird, wenn diese nicht gut durchdacht sind. Außerdem bedeutet diese Rune auch eine Trennung von der Natur. Somit steht sie für eine Blockade unserer natürlichen Weisheit und unserer Verbindung zu den energetischen Kräften in uns.

Wie wir gesehen haben, befasst sich die zweite Gruppe des Älteren Futharks, bekannt als Heimdalls Ætt, mit den *„Großen Prüfungen des Lebens“*. Diese Runen enthalten die gewichtige Wahrheit der Selbstentwicklung und unserer Verbindung zum Schicksal. Sie sprechen von einer Reise, die in Sowilō gipfelt, einer inneren Stärke, die uns die Fähigkeit verleiht, unseren Weg zu wählen. Mit diesem Wissen können wir zu vollwertigen, erfolgreichen Menschen werden, die die großen Prüfungen des Lebens meistern.

Týrs Ætt

Týr, der Gott des Krieges und des Opfers, der Gerechtigkeit und der Ordnung sowie der Schutzpatron der Krieger, herrscht über die letzte Runenreihe des Älteren Futharks. Er wurde für sein kosmisches Urteilsvermögen und seine moralischen Werte verehrt und ermutigte zu geistigen Leistungen. Damit verbunden ist der Glaube, dass er an den mythischen Helden der Legenden und Mythen beteiligt war. In der Tat wird er als Symbol für Ordnung und Sühne verehrt. Daher ist es logisch, dass diese acht Runen unter seinem Schutz stehen, denn sie repräsentieren eine Form des Kampfes, der Lösung oder der Friedenssicherung in der Gesellschaft. Damit endet unsere Reise der Definition der Runen, aus denen sich das Ältere Futhark zusammensetzt.

Tiwaz (↑)

Tiwaz, auch bekannt als die Rune des Týr, ist ein Symbol für Gerechtigkeit und Ehre. Sie steht für einen Sieg, der durch richtiges Handeln errungen wurde. Außerdem ermutigt sie ihre Anhänger, sich Zeit für die Selbstreflexion zu nehmen sowie ihre Stärken und Schwächen zu analysieren und zu erkennen. Der Mut, den diese Rune hervorhebt, bedeutet, schwierige Entscheidungen zu treffen, die möglicherweise mit persönlichen Opfern verbunden sind, um zu gewinnen und Erfolg zu haben. Mit Ausdauer und Hingabe werden die Anhänger dieser Rune schließlich siegreich sein.

Die merkstave Version von Tiwaz bedeutet Schwierigkeiten beim Fortschritt und Stagnation. Sie weist auf eine durch ein Ungleichgewicht zwischen Denken und Handeln gekennzeichnete Situation hin. Sie ist auch ein Warnzeichen für blockierte Kreativität, lähmende Selbstaufopferung oder Überanalyse. Darüber hinaus kann sie als Abschwächung der Leidenschaft aufgrund mangelnder Kommunikation oder Ungerechtigkeit, die zur Trennung führt, interpretiert werden. Das Verständnis dieser Rune kann das persönliche Wachstum erheblich fördern. Sie deckt zum Beispiel blinde Flecken auf und zeigt, wie das eigene Leben angepasst werden muss, um Harmonie und Gleichgewicht wiederherzustellen.

Berkanen (ᛒ)

Die zweite Rune in Týrs Ætt ist Berkanen. Diese Rune, die dem Buchstaben „*b*" entspricht, bedeutet „Birke" und steht für Fruchtbarkeit, Geburt und Wachstum. Sie ist eine Rune der Befreiung oder Regeneration, der Erneuerung und des Beginns von etwas Neuem. Außerdem kann sie auch bedeuten, dass eine neue Liebe in Ihr Leben tritt, sei es eine romantische oder eine andere, und dass erfolgreiche Zeiten bevorstehen. Berkanen merkstave ist ein Zeichen für Probleme, vor allem solche, die mit der Familie oder häuslichen Angelegenheiten zu tun haben. Ebenso ist sie ein Zeichen für Angst oder Nachlässigkeit, Verlassenheit oder Kontrollverlust. Schließlich warnt Berkanen merkstave vor Stagnation, Sterilität (Unfruchtbarkeit) oder Täuschung.

Ehwaz (ᛖ)

Ehwaz hat die Bedeutung *„Pferd"* und ist das *„e"* des Älteren Futharks. Sie symbolisiert Bewegung, Fortschritt und erreichte Entwicklung, inspiriert Zusammenarbeit und Vertrauen in Beziehungen. Sie steht auch für eine starke Verbindung zu den Menschen in der Umgebung. Ob in der Ehe oder in einer Partnerschaft, Loyalität und Treue sind mit dieser Rune verbunden. Außerdem ist Ehwaz ein Zeichen für Glück und Freiheit, da sie den Erfolg nach einer Reise oder einem Richtungswechsel symbolisieren kann. Diese Rune dient also als Bestätigung dafür, dass alle Veränderungen positiv sind.

Merkstave steht Ehwaz für Unruhe oder Unbehagen, das angegangen werden muss. Diese Rune symbolisiert die Notwendigkeit von Ausgewogenheit und sorgfältiger Überlegung, wenn man sein Leben verändert. Die merkstave Version wird als Warnhinweis vor Unglück verstanden, das durch übereilte Entscheidungen oder Vertrauensmissbrauch verursacht wird. Der Schlüssel zu dieser Rune liegt darin, sicherzustellen, dass alle Veränderungen langsam und überlegt vorgenommen werden, und zwar auf eine Weise, die sowohl die Vergangenheit als auch die Zukunft würdigt.

Mannaz (ᛗ)

Eine der wenigen Runen, bei denen man das von ihr abgeleitete deutsche Wort sofort erkennen kann, ist Mannaz. Das *„m"*-Phonem bedeutet *„Mann"* bzw. *„Mensch"* oder *„Menschheit"*. Sie symbolisiert das Selbst, die Wahrnehmung und den Umgang mit anderen und deren Sichtweise auf Sie. Mannaz ist ein Zeichen für Freundschaft und Feindschaft und steht für die Ordnung in der Gesellschaft und die Struktur des Göttlichen. Diese Rune wird nicht nur mit Intelligenz und Kreativität in Verbindung gebracht, sondern zeigt auch an, dass bald Hilfe oder Unterstützung in Ihr

Leben treten werden. Außerdem wird Mannaz traditionell als Talisman verwendet, der seinem Träger Glück bringen soll. Ihre Verbindung mit der Menschheit verleiht der Rune zusätzliche spirituelle Kraft, wenn sie verwendet wird, um Glück und Schutz zu beschwören.

Die merkstave Form von Mannaz impliziert Sterblichkeit und menschliche Schwächen wie Depressionen, Wahnvorstellungen und Blindheit. Dieses Symbol steht für die dunklere Natur unserer Gedanken, zu denen Manipulation, Täuschung oder List mit böser Absicht gehören. Wenn diese Rune in Ihrem Wurf erscheint, könnte sie eine Warnung darstellen, keine Hilfe oder Führung bei dem zu erwarten, was Sie zu wissen suchen.

Laguz (ᛚ)

Laguz entspricht dem Buchstaben „*l*", bedeutet „*See*" oder „*Wasser*" und steht für Heilung, Fruchtbarkeit und Erneuerung. Diese Rune steht für die Bewegung des Wassers, wie bei den Gezeiten des Meeres, und symbolisiert die Energie des Lebens und des organischen Wachstums. Laguz steht für die Kraft der Fantasie, für Träume und fantastische Geheimnisse. Ebenso deckt sie die verborgenen Tiefen dieser und der darunterliegenden Welt (der Unterwelt) auf. Außerdem kann sie als Zeichen für den Erfolg oder den Erwerb von etwas, das man gesucht hat, gesehen werden, allerdings mit dem Gegenwert eines bezahlten Preises.

In ihrer Merkstave-Form weist Laguz auf bevorstehende Veränderungen hin, die oft ungewisser Natur sind und sich als unkluge Entscheidung, Stagnation im Leben oder sogar als psychische Störung manifestieren können. Obwohl nicht durchweg negativ, kann sie auf eine bevorstehende Zeit der Schwierigkeiten hinweisen. Es kann aber auch eine Gelegenheit sein, sich Ängsten zu stellen und Risiken einzugehen, die zu persönlichem Wachstum und Veränderung führen können.

Inguz (◊)

Inguz, das „ŋ"-Phonem, ist die Rune, die den Gott Ing darstellt. Dies ist ein älterer Name für Freyr, den Gott der Erde. Inguz ist ein Zeichen für männliche Fruchtbarkeit, für inneres Wachstum oder für eine Zeit der Ruhe und Erholung. Sie steht für gemeinsame Tugenden oder gesunden Menschenverstand, Familienbande und die Wärme der Menschen. Wenn Inguz in Ihrem Wurf erscheint, ist dies ein Zeichen dafür, dass Sie auf Ihr Inneres hören sollten und bereit sind, lose Enden zu schließen und eine neue Lebensrichtung einzuschlagen. Inguz hat keine merkstave Form, aber wenn sie in Opposition liegt, kann Anstrengung ohne sichtbare Veränderung oder greifbare Belohnung bevorstehen.

Dagaz (ᛞ)

Dagaz oder „*d*" hat die Bedeutung von „*Tag*" und symbolisiert eine Zeit des Erwachens, des gesteigerten Bewusstseins oder eines bevorstehenden Durchbruchs. Es ist ein Zeichen der Klarheit, das die Unsicherheit der vorangegangenen Nacht durchbricht. Dagaz zeigt an, dass es für Sie an der Zeit ist, Ihr nächstes Abenteuer zu planen oder sich auf ein solches einzulassen. Außerdem ist es ein Zeichen dafür, dass Sie die Willenskraft haben, die Veränderung oder den Wandel, den Sie in Ihrem Leben sehen möchten, durchzusetzen. Ebenso ist Dagaz die Rune der Hoffnung und des Glücks, des idealen Lebens und der Sicherheit und Zuversicht in Bezug auf Ihren weiteren Weg. Wenn diese Rune in Ihrem Wurf erscheint, interpretieren Sie sie als Zeichen dafür, dass eine Zeit des Wachstums und des Loslassens oder des Ausgleichs gegensätzlicher Kräfte bevorsteht.

Wie Ingaz signalisiert auch Dagaz das Ende eines Kapitels, indem man an seine Grenzen stößt oder blind für etwas ist, das einen beeinflusst. Manchmal weist Dagaz auch darauf hin, dass man sich in einer völlig hilflosen Lage befindet. Mit dieser Vorstellung verbunden ist das nordische Konzept des Wyrd. Dabei handelt es sich um die Überzeugung, dass das Schicksal eines Menschen durch das, was er nicht beeinflussen kann, vorherbestimmt wird. Welche Handlungen auch immer unternommen werden, sie werden das Ergebnis beeinflussen, aber letztlich liegt der endgültige Weg nicht in der Hand des Einzelnen.

Othala (ᛟ)

Othala ist die 24. Rune des Älteren Futharks. Diese Rune hat große Bedeutung für diejenigen, die nordische Spiritualität praktizieren. Das Symbol von Othala wird mit Wohlstand, Reichtum und Erbe in Verbindung gebracht. Sie steht für die Verbindung zur eigenen Vergangenheit und zum Familienerbe. Aus diesem Grund erinnert Othala oft daran, auf dem Boden der traditionellen Werte zu bleiben, während man sich auf neue Erfahrungen einlässt. Außerdem gilt sie als Beschützer während des Übergangs und bietet Stabilität und Sicherheit in Zeiten des Wandels.

Wenn sie umgedreht ist, wird die Rune Othala damit assoziiert, dass man den Kontakt zur eigenen Kultur und zu den eigenen Bräuchen verloren hat. Dies kann dazu führen, dass man sich abgekoppelt oder verloren fühlt. Sie kann auch auf Schwierigkeiten bei der Suche nach Erfolg aufgrund von Pech oder Diskriminierung hinweisen. Schließlich kann Othala auch auf Armut, Vertreibung, Sklaverei oder das Gefühl hinweisen, von etwas gefangen gehalten zu werden.

— 4 —

Jüngeres Futhark

Das Jüngere Futhark, auch bekannt als *„Wikinger-Runen"* oder *„skandinavische Runen"*, war der Nachfolger des Älteren Futhark-Alphabets. Dieser Übergang vollzog sich in Skandinavien im 7. bis 8. Jahrhundert n. Chr., wobei das Ältere Futhark im 9. Jahrhundert langsam durch seinen Nachfolger ersetzt wurde. In diesem Zeitraum wurde auch das Urnordische durch das Altnordische abgelöst. Damit bot es die Gelegenheit für eine weitere sprachliche und literarische Entwicklung. In der Folgezeit hat es die skandinavische Kultur stark beeinflusst. Die Runen dienten nicht nur als grundlegendes Schriftsystem, sondern wurden auch für magische Zwecke verwendet und werden noch heute respektiert und geschätzt.

Außerdem war das Jüngere Futhark eine komprimiertere Form des Älteren Futharks. Als solches besteht es aus nur 16 Runen im Gegensatz zu den 24 seines Vorgängers. Diese Verringerung der Zahl der Zeichen ging einher mit einer Erhöhung der Zahl der von den Skandinaviern verwendeten Phoneme. Während der gesamten Wikingerzeit (793–1066 n. Chr.) wurde es verwendet, danach ging sein Gebrauch stetig zurück. Dies ist darauf zurückzuführen, dass Skandinavien neben der lateinischen Schrift auch die christlichen Ideologien integrierte. Trotz dieser schwindenden Verwendung wurden die Runen des Jüngeren Futharks weiterhin als Hilfsmittel verwendet, in der Regel für magische und divinatorische Praktiken oder für geheime Botschaften auf Gedenksteinen. Mit seinem Niedergang löste sich die Runenschrift als zentrales Schriftsystem der germanischen und skandinavischen Völker auf und eine neue Ära innerhalb dieser Gesellschaften begann.

Die Runen des Jüngeren Futharks, die auf das Ältere Futhark zurückgehen, wurden bei der Weissagung und beim Runenwerfen verwendet. Ebenso diente es den alten nordeuropäischen Gesellschaften als Schriftsprache. Es gibt zwei Hauptzweige des Jüngeren Futharks. Dazu gehören die dänische Langzweigrune und die schwedische oder norwegische Kurzzweigrune, die wiederum in Hälsinge-Runen unterteilt ist. In diesem Kapitel werden die Ursprünge, die Geschichte und die Entwicklung des Jüngeren Futharks seit seinen frühesten Anfängen beschrieben. Außerdem bietet es einen unschätzbaren Einblick in die Art und Weise, wie dieses mächtige symbolische System zur Vorhersage unserer Zukunft genutzt werden kann.

Geschichte des Jüngeren Futharks

Ende des Jahres 700 n. Chr. begann die Wikingerzeit. In dieser Zeit kam es zu einem massiven Wandel in der Welt. Zum Beispiel eroberten skandinavische und germanische Völker, die Wikinger, große Teile Europas und Großbritanniens. Mit diesem Zeitalter der Expansion und Entdeckung änderte sich auch die Sprache dieser Seefahrer, Plünderer und Eroberer von Urnordisch zu Altnordisch. Außerdem wechselten die alten nordischen Kulturen vom obskuren Älteren Futhark, das nur Runenmeister verwendeten, zum Jüngeren Futhark, einem viel weiter verbreiteten und zugänglicheren Schriftsystem.

Als im 9. Jahrhundert n. Chr. die Alphabetisierung unter den Nordmännern aufblühte, wurde auch das Jüngere Futhark verwendet. Obwohl es zwischen 650 und 800 n. Chr. einige Überschneidungen zwischen den Symbolen des Älteren und des

Jüngeren Futharks gab, wurde das Ältere Futhark schließlich von seinem Nachfolger verdrängt. Das Jüngere Futhark war für die damalige Zeit besser geeignet. Außerdem verwendeten die Wikinger es sowohl für wichtige als auch für triviale Angelegenheiten. So wurde es in Handelsdokumenten, diplomatischer Korrespondenz, Gedichten, Scherzen und persönlichen Mitteilungen verwendet.

Langzweigrunen

Während das Jüngere Futhark die Bezeichnung für die Runenschrift ist, wurden einige Varianten gefunden. Die älteste von ihnen ist als dänische Langzweigrune bekannt. Diese Runenart entstand im heutigen Dänemark und um das heutige Dänemark, die angestammte Heimat der Dänen. Die Runen wurden in erster Linie in Stein gemeißelt und sind die komplizierteren Versionen des Jüngeren Futharks. Dennoch sind sie einfacher als die des Älteren Futharks, da sie nur eine vertikale Linie, den sogenannten *„Stab"*, haben.

Kurzzweigrunen

Nach den dänischen Langzweigrunen entwickelte sich die Kurzzweigversion des Jüngeren Futharks. Diese Runen wurden vor allem in Schweden und Norwegen verwendet und waren leichter zu schnitzen. Außerdem wurden sie im Vergleich zu ihren langzweigigen Gegenstücken ohne einen vollständigen vertikalen Stab gebildet. Gegen Ende der Wikingerzeit wurden die Kurzzweigrunen immer beliebter und blieben bis ins Mittelalter in Gebrauch. Außerdem können sie als Kurzschrift oder kursive Version der Runen betrachtet werden. Aus diesem Grund wurden sie von Schreibern und Händlern bevorzugt, da sie leichter und schneller zu schnitzen waren. Außerdem werden sie nach dem Rök-Runenstein, der weltweit längsten in Stein gravierten Runeninschrift, auch Rök-Runen genannt.

Die Runen des Jüngeren Futharks

Runen wurden für Zaubersprüche verwendet und sollten Macht, Schutz und Glück bedeuten. Diese Runen wurden auf Amuletten und Schmuckstücken eingraviert, die die Wikinger trugen. Außerdem werden die Runen in der nordischen Mythologie oft als eine Sprache beschrieben, die die Götter den Menschen gaben. Der Codex Sangallensis 878 ist ein illustriertes Manuskript, das auf etwa 830 n. Chr. zurückgeht. Er enthält 24 Strophen, die sich auf die Runen des Jüngeren Futharks beziehen.

Dieser Codex, der in einem Kloster in der Schweiz aufbewahrt wird, enthält viele Alphabete der alten Welt. Auf Seite 321 befindet sich das Abecedarium Nordmannicum, das in drei Zeilen die Runen des Jüngeren Futharks darstellt. Auf derselben Seite befinden sich die Runen des Angelsächsischen Futhorcs. Diese Aufzeichnung gibt uns jedoch keine Erklärung für die Bedeutung der Runen. Deshalb haben wir das isländische Runengedicht herangezogen, das im 15. Jahrhundert aufgezeichnet und 1915 von Bruce Dickens ins Englische übersetzt wurde.

Lassen Sie uns tiefer in die Runen und ihre Botschaften eintauchen. Das isländische Runengedicht bietet einen ausgezeichneten Einblick in die Bedeutung jeder Rune im Jüngeren Futhark. Außerdem bietet es uns eine Interpretation, über die wir nachdenken und an der wir uns bei unseren Würfen orientieren können. Wenn wir uns die Zeit nehmen, über ihre Bedeutung nachzudenken, können sich neue Perspektiven auf die Fragen des Lebens eröffnen.

Freyr/Freyjas Ætt

Wie bereits erwähnt, verlor das von Freyr und Freyja beherrschte Ætt seine letzten beiden Mitglieder, als sich das Runenalphabet vom Älteren zum Jüngeren Futhark wandelte. Zwei Runen,

Ansuz und Kaunan, veränderten ihre Form. Die übrigen blieben gleich, auch wenn sie sich in der Aussprache von ihren Vorgängern unterschieden. Der Grund dafür ist, dass die gesprochene Sprache des Älteren Futharks Urnordisch war. Die Sprache des jüngeren Futharks, der skandinavischen Runen, war dagegen Altnordisch, die Sprache der Wikinger.

Fé (ᚠ)

„Quelle der Zwietracht unter Verwandten
und Feuer des Meeres
und Weg der Schlange.“
(Isländisches Runengedicht, Vers 1)

Das „*f*“ und „*v*“ des Jüngeren Futharks, Fé, steht für Reichtum und Überfluss. In der Wikingerzeit galten „*Vieh*“ und „*Reichtum*“ als dasselbe, daher war dieses Zeichen hoch angesehen. Fé blieb in seiner ursprünglichen Bedeutung sowohl in der Ära des Älteren als auch des Jüngeren Futharks erhalten. Da sie eine Verbindung zwischen körperlichem und geistigem Wohlbefinden herstellt, hat diese Rune auch eine starke Verbindung zu potenziellem Erfolg oder Glück, wenn sie aufrecht geworfen wird. Wird sie jedoch umgedreht geworfen, kann sie ein Scheitern oder einen einschneidenden Verlust bedeuten. Dennoch bietet sie in diesem Zusammenhang Weisheit zur Vermeidung von Unheil. Zusätzlich wird Fé oft mit spirituellem Wachstum und Wohlstand in Verbindung gebracht und bedeutet, dass harte Arbeit und Hingabe belohnt werden.

Úr (ᚢ)

„Klage der Wolken
und Ruin der Heuernte
und Abscheu des Hirten.“
(Isländisches Runengedicht, Vers 2)

Die jüngere Futhark-Rune ᚢ, auch bekannt als Úr, umfasst ein Spektrum von Bedeutungen von „*Schauer*" über „*Eisen*" bis hin zu „*Regen*". Sie steht jedoch im Gegensatz zu ihrer älteren Version, Ūruz, die „wilder Ochse" bedeutet. Es gibt zwei weithin akzeptierte Interpretationen von ᚢ im Älteren Futhark. Die eine ist Ūruz *(Auerochse)*, die andere ist Ūrą *(Wasser)*. Das Altenglische und das Angelsächsische Futhorc bleiben der Bedeutung der Rune Úr als „*Auerochse*" treu. Im Altnordischen und im Jüngeren Futhark erhält ᚢ jedoch eine neue Interpretation von Úr *(„Regen")*. Wenn Sie die Bedeutung dieser Rune genauer erforschen wollen, lassen Sie uns ihre rätselhafte Form entschlüsseln. Außerdem erfahren wir, wie sie Ihre Weissagungen beeinflussen kann.

Das aufrechte Úr wird oft als Symbol für neue Anfänge und Möglichkeiten gesehen. Wenn sie aufrecht steht, ist sie ein Zeichen für Fruchtbarkeit und signalisiert, dass Segnungen auf Sie zukommen oder etwas Unerwartetes geschehen kann. In umgedrehter Form hingegen steht Úr für fehlgeleitete Kraft oder Energie und mahnt zur Wachsamkeit. Wer diese Rune trägt, wird ermahnt, auf seine Umgebung zu achten, um sich vor plötzlichen Gefahren zu schützen.

Þhurs (þ)

„Folter von Frauen
und Felsenbewohner
und Ehemann einer Riesin."
(Isländisches Runengedicht, Vers 3)

Thurs (Þhurs) ist das Jüngere Futhark-Äquivalent von Thurisaz (þ). Es hat die Bedeutung von „*Riese*". In der nordischen Mythologie stellen Riesen die Hauptgegner der Götter dar. Die Interpretation von þhurs ist ähnlich wie die von Thurisaz im Älteren Futhark. Dies ist die Rune der rohen Kraft und steht für Konflikt und Vitalität. Wenn sie in ihrer umgedrehten, merkstaven

Form erscheint, ist sie ein Warnzeichen für drohende Gefahr oder Bosheit.

Óss (ᚬ)

„Greiser Gautr
und Fürst von Ásgarðr
und Herr von Walhalla."
(Isländisches Runengedicht, Vers 4)

Óss (ᚬ) ist das Äquivalent des Jüngeren Futharks zur a-Rune aus dem Älteren Futhark, Ansuz (ᚨ). Sie mögen unterschiedlich aussehen und klingen, aber beide stehen für Odin oder *„Gott"* in der nordischen Mythologie. Die Óss-Rune wird mit Kommunikation, Einsicht, Weisheit und guten Ratschlägen in Verbindung gebracht. Im Gegensatz dazu steht ihre merkstave Version für Täuschung und Manipulation durch falsche Kommunikation oder Missverständnisse.

Reið (ᚱ)

„Freude der Reiter
und zügige Reise
und Mühsal des Rosses."
(Isländisches Runengedicht, Vers 5)

Reið, oder Ræið in Altnordisch, ist die Version von Raidō im Jüngeren Futhark. Sie hat dieselbe Runenform, denselben Klang und dieselbe Bedeutung wie ihre Version im Älteren Futhark. Dies ist die Rune der Reise oder der Suche nach Erleuchtung, und sie bedeutet *„reiten"* sowohl im physischen als auch im metaphorischen Sinne von Bewegung. Ihre gute Seite steht für die persönliche Entwicklung durch Erfahrung, ihre schlechte Seite für die Entfremdung vom Rhythmus der Welt.

Kaun (ᚴ)

„Für Kinder tödliche Krankheit
und schmerzhafte Stelle
und Ort der Kasteiung.“
(Isländisches Runengedicht, Vers 6)

Anstelle von Kaunan, der „*k*“-Rune des Älteren Futharks, gibt es im Jüngeren Futhark Kaun als das „*k*“, „*g*“ und „ŋ“. Kaun hat die genaue Bedeutung von „Geschwür“ und steht für Krankheit oder deren Heilung und Vermeidung. Kaun ist die Rune der durch Leiden erlangten Weisheit. Obwohl sie für Härte bekannt ist, steht die Rune Kaun auch für positive Transformation und Klarheit der Sicht. Fällt die Rune in einem Wurf jedoch umgekehrt, wird ihre Bedeutung noch bedrohlicher. So kann sie eine Warnung vor Krankheit sein, vor dem Gefühl, verletzlich zu sein, oder vor mangelndem Lernen aus dem Leiden.

Heimdalls Ætt

Wie im vorangegangenen Kapitel beschrieben, geht es bei Heimdalls Ætt um Anfang und Ende, Verwandlung und Chaos. Diese zweite Reihe von Runen des Jüngeren Futharks deutet auf einen Zugang zum Himmel, zur Unterwelt und sogar zu anderen Reichen hin. Wie beim ersten Ætt wurden auch hier zwei Runen entfernt. Bei diesen beiden handelt es sich um Eihwaz (Eibe) und Perthro (Losbecher). Außerdem wurde eine Rune aus diesem Ætt, Algiz (z-Rune), in das Ætt von Týr verlegt und in ihre neue Form ʀ-Rune umgewandelt. Die verbleibenden fünf Runen erklären weiterhin die spirituelle Reise, die mit diesem Ætt verbunden ist.

Hagall (*)

„Kaltes Getreide
und ein Graupelschauer
und die Krankheit der Schlangen.“
(Isländisches Runengedicht, Vers 7)

Hagall, früher als Hagalaz (ᚺ) des Älteren Futharks bekannt, ist eine Rune, die plötzliche Veränderungen symbolisiert. Sie unterstreicht die Bedeutung des Lernens aus Härten. Ebenso betont sie die Akzeptanz von Prüfungen und Herausforderungen, die das persönliche Wachstum begleiten. Mit dieser Rune ist keine negative Interpretation verbunden. Allerdings kann sie manchmal als Omen für ein bevorstehendes Unglück gedeutet werden. Die Langform von Hagall lautet „*“, während die Kurzform „ᚼ“ lautet. Die Bedeutung des Wortes bleibt unverändert und bedeutet *„Hagel“*.

Nauðr (+)

„Die Trauer der Magd
und Zustand der Unterdrückung
und mühsame Arbeit.“
(Isländisches Runengedicht, Vers 8)

Mit der gleichen Runenform wie Naudiz und der Bedeutung *„Bedürfnis“* oder *„Zwang“* ist Nauðr seinem Äquivalent im Älteren Futhark sehr ähnlich. Das gilt auch für die Art und Weise, wie man sie interpretiert. Sie ist die Rune der Not und Schwierigkeit. In ihrer aufrechten Form steht Nauðr für innere Stärke inmitten von Bedrängnis oder Verwirrung. Die merkstave Form hingegen steht für Not, Armut oder unerfüllte emotionale Bedürfnisse. Die Langform von Nauðr ist „+“, während die Kurzform „ᚦ“ ist.

Íss (I)

„Rinde von Flüssen
und Dach der Welle
und Vernichtung der Verdammten. "
(Isländisches Runengedicht, Vers 9)

Die einstäbige Rune Isaz blieb in ihrer Entwicklung zu Íss unverändert. Allerdings hat sie auf ihrem Weg in die Runenschrift des Jüngeren Futharks ein weiteres Phonem aufgenommen, nämlich das für die beiden Laute „*i*" und „*e*". Sie bedeutet „*Eis*", ist die Rune der Selbstbeherrschung und steht für die Suche nach einem Weg, um Herausforderungen und Frustrationen zu überwinden. Als einzelner Stab hat Íss keine merkstave Form. Liegt sie jedoch in Opposition, könnte sie ein Zeichen für Verrat, egozentrisches Verhalten oder übermäßigen Genuss der Welt sein.

Ár (†)

„Segen für die Menschen
und einen schönen Sommer
und gedeihliche Ernten. "
(Isländisches Runengedicht, Vers 10)

Jēran (ᛃ), die j-Rune des Älteren Futharks, hat eine faszinierende Vergangenheit. Einst bedeutete sie „*gute Ernte*", aber entwickelte sich weiter zu Ár *(†)*, was für „*Überfluss*" steht. Noch bemerkenswerter ist, dass sich die Aussprache des Wortes von einem „j" zu einem „*a*", „*æ*" und „*e*" verändert hat. Der Übergang vom Urgermanischen zum Altnordischen war wahrscheinlich die Ursache für diese dramatische Veränderung. Darüber hinaus diente die Rune im Laufe der antiken Geschichte mehreren Zwecken. Sie konnte zum Beispiel wichtige Meilensteine markieren, indem sie natürliche Elemente symbolisierte.

Während sich die Form der Rune und die damit verbundenen Laute weiterentwickelten, blieb die Bedeutung der Rune dieselbe. Wie Jēran vor ihr ist Ár die Rune der guten Ergebnisse von Können, Wissen, harter Arbeit und gutem Timing. Mit anderen Worten, sie ist die Rune für die Ernte dessen, was man sät. In ihrer aufrechten Form steht Ár für Erfolg, Glück oder Wohlstand. Ár ist ein Zeichen für einen möglichen Rückschlag, schlechtes Timing oder eine Umkehrung des Glücks oder des Schicksals, wenn sie in Opposition steht, besitzt aber keine Merkstave-Form. Außerdem ist die Langzweigversion von Ár „ᛏ", während die Kurzzweigversion „ᛆ" ist.

Sól (ᛋ)

„Schild der Wolken
und leuchtende Strahlen
und Zerstörer des Eises. "
(Isländisches Runengedicht, Vers 11)

Wie das Ältere Futhark Sowilō *(ᛊ)* hatte, um den „s"-Laut darzustellen, so hat das Jüngere Futhark Sól *(ᛋ)*. Beide bedeuten „Sonne", aber die jüngere Version hatte eine zusätzliche Bedeutung. Sowilō steht für die elementare Kraft der Sonnenenergie, während Sól die Personifizierung der Sonne in Form der Göttin Sól darstellt. Unabhängig davon ändert dies nichts an der Interpretation der Rune, sondern ergänzt ihre Bedeutung, da die Sonnengöttin in dieser Rune wohnt.

Außerdem ist Sól die Rune des Erfolgs, der Leistung und der Ganzheit. In ihrer aufrechten Form weist diese Rune auf positive Veränderungen hin und darauf, dass Sie auf dem Weg sind, Ihre Lebensziele zu erreichen. In Opposition verweist Sól, das keine merkstave Form hat, auf eine Trennung von Ihrer Bestimmung oder die Gefahr, Ihre Ziele aus den Augen zu verlieren. Die Kurzzweigform dieser Rune ist „ᛁ".

Mit der Rune der Sonne endet das zweite Ætt. Nun, da Heimdalls fünf Runen abgedeckt sind, ist es an der Zeit, sich der letzten Runengruppe des Jüngeren Futharks zuzuwenden.

Týrs Ætt

Týrs Ætt verlor die meisten Runen von den drei Gruppen, gewann aber eine zurück, als sich die z-Rune verwandelte und von Heimdalls Ætt an das Ende des Alphabets wanderte. Daher besteht Týrs Ætt im Jüngeren Futhark aus fünf Runen. Dieses Ætt wird von Týr, dem einhändigen Gott des kosmischen Urteils und der moralischen Werte, beherrscht und befasst sich mit den Kräften des Kosmos. Als letzter Teil der magischen Reise des Runenalphabets symbolisiert Týrs Ætt das Wissen, das aus den Prüfungen der vorherigen Ætt gewonnen wurde. Abgesehen davon steht es auch dafür, dass dieses Wissen über das eigene Ich hinaus zur Verbesserung der Familie, der Gemeinschaft oder sogar der menschlichen Gesellschaft im Allgemeinen genutzt werden kann. Auf diese Weise kann man sich mit den kosmischen Gesetzen der Liebe, der Zusammenarbeit, der Verantwortung und des Beitrags zur Zukunft unseres Planeten in Einklang bringen. Auf dieser Reise wird der Mensch erleuchtet und erreicht spirituelle Erfüllung.

Týr (ᛏ)

> *„Gott, mit einer Hand*
> *und Hinterlassenschaften des Wolfes*
> *und Fürst der Tempel.“*
> ***(Isländisches Runengedicht, Vers 12)***

Týr (ᛏ) erinnert an den nordischen Gott Týr, den Schutzgott der Gerechtigkeit und des heldenhaften Ruhmes. Sie steht für Sieg, Ehre und die Notwendigkeit, Stärken zu definieren und Absichten zu verfeinern. Ihre merkstave Bedeutung warnt davor, zu viel zu analysieren, zu viel von sich selbst zu opfern oder nicht mehr mit seinem Ziel in Kontakt zu sein. Für diese Rune gibt es eine Langzweigversion, „↑", und eine kurzzweigige Variante, „1". Außerdem ähnelt Týr in Form und Bedeutung seinem Äquivalent im Älteren Futhark, Tiwaz (↑). Dieses uralte Symbol ist eine kraftvolle Mahnung, dem eigenen Kurs treu zu bleiben, ganz gleich, was dabei herauskommt.

Björk (ᛒ)

„Blättriger Zweig
und Bäumchen
und frischer junger Strauch. "
(Isländisches Runengedicht, Vers 13)

Die zweite Rune des Ætt von Týr ist Björk (ᛒ). Sie wird auch Bjarkan oder Bjarken genannt und ist die Weiterentwicklung von Berkanen (ᛒ) aus dem Älteren Futhark. Es hat die gleiche Runenform und die gleiche Bedeutung wie sein Nachfahre im Jüngeren Futhark. Björk steht für das stimmhafte „b" und das stimmlose „p", während Berkanen nur für „*b*" steht. Diese Rune bedeutet *„Birke"*, ein Baum, der den Frühling und die Wiedergeburt symbolisiert. Somit ist Björk die Rune der Empfängnis, der Schwangerschaft und der Geburt. Außerdem ist sie die Rune der weiblichen Energie und der Göttlichkeit. Wenn sie aufrecht liegt, ist sie ein Zeichen für Erneuerung oder den Beginn von etwas Neuem. Liegt sie jedoch in Opposition, ist sie ein Zeichen für bevorstehende Probleme oder Stagnation. Übrigens gibt es von Björk keine Kurzzweigversion.

Maðr (ᛘ)

„Die Freude des Menschen
und die Vergrößerung der Erde
und Schmücker der Schiffe. "
(Isländisches Runengedicht, Vers 14)

Nach dem Wegfall von Ehwaz, der e-Rune des Älteren Futharks, folgt Maðr (ᛘ) im Ætt von Týr. Aus dem Mannaz (ᛗ) des Älteren Futharks hervorgegangen, sind die Bedeutung und der dargestellte Klang gleich geblieben. Daher ändern sich nur noch das Wort und die Runenform. Mit der Bedeutung von „*Mensch*" oder „*menschlich*" ist Maðr die Rune des menschlichen Lebens und der Intelligenz. Sie bezieht sich nicht nur auf die Menschheit als Ganzes, sondern auch auf den ersten Menschen aus den nordischen und germanischen Schöpfungsmythen, „Mannus". Unsere Hauptquelle für Mannus stammt von Tacitus, einem der römischen Geschichtsschreiber, der den Mythos von Mannus aufnahm. Dieses Mannus ist eine Latinisierung von „*Mannaz*" in seinem Buch Germania, das 98 n. Chr. veröffentlicht wurde.

Laut Tacitus war Mannus der Sohn von Tuisto, dem göttlichen Stammvater der Germanen, der ein Sohn der Erde war. Die Kinder des Mannus werden in alten Liedern der Germanen als die ursprünglichen Vorfahren vieler früher germanischer Stämme erwähnt. Vor dem Hintergrund der ursprünglichen Familien der Menschheit sollten Sie diese Rune als Symbol für die menschliche Familie betrachten.

Das Runensymbol für Maðr, ᛘ, ist von Algiz, ᛉ, der z-Rune des Älteren Futharks, abgeleitet. Algiz bedeutet „*Schutz*" und steht für ein spirituelles Band zwischen Menschen und Göttern. Ein aufrechtes Erscheinen von Maðr in Ihren Würfen deutet auf Bewusstsein, Fähigkeit, Unterstützung oder Hilfe hin. Ein umgedrehtes Erscheinen dieses Symbols spielt dagegen auf die Sterblichkeit oder die Schwierigkeiten der Menschen an. Außerdem gibt es für Maðr keine Kurzzweigvariante.

Lögr (ᛚ)

„Strudelnder Bach
und der breite Geysir
und das Land der Fische."
(Isländisches Runengedicht, Vers 15)

Die Entwicklung von Laguz (ᛚ) aus dem Älteren Futhark mündet mit Lögr (ᛚ) im Jüngeren Futhark in einer ähnlichen Form. Beide Runen bedeuten *„See", „Meer"* oder *„Wasser"*, haben die gleiche Runenform und repräsentieren das gleiche Phonem *(l)*. Lögr ist die Rune der Lebensenergie und der Läuterung. Sie symbolisiert das Abwaschen unerwünschter oder nicht mehr benötigter Teile von uns selbst, wenn wir die Energie unseres Lebens *„reinigen"*.

In aufrechter Form symbolisiert diese Rune, dass Sie auf dem richtigen Weg sind, um Ihre Ziele zu erreichen. Ähnlich wie das Gleichgewicht in der Natur erfordert dies einen Preis, den man für den Erfolg, den man erreichen möchte, zahlen muss. Die umgekehrte oder merkstave Form bedeutet hingegen, dass Schwierigkeiten und Ungewissheit vor einem liegen. Es gibt keine Kurzzweigvariante von Lögr.

Yr (ᛦ)

„Gekrümmter Bogen
und sprödes Eisen
und Riese des Pfeils."
(Isländisches Runengedicht, Vers 16)

Mit der Bedeutung *„Eibe"* oder, genauer gesagt, *„Bogen aus Eibe"* hat Yr (ᛦ) die gleiche Bedeutung wie Eihwaz (ᛇ) des Älteren Futharks. Die beiden Runen unterscheiden sich jedoch in ihrer Form und den Lauten, die sie darstellen. Außerdem ist Yr die Nachbildung der z-Rune des Älteren Futharks, Algiz (ᛉ). Yr zeigt, wie sich die Aussprache des „*z*" im Laufe der Entwicklung des Urgermanischen zum Altnordischen verändert hat. Das z-Phonem wurde mehr zu einem „*r*"-Laut, der als stimmhafter uvularer Triller bekannt ist, ein harter, gutturaler „*r*"-Laut, der mit dem Zungenrücken gerollt wird. Deshalb wird sie als „ʀ" geschrieben. Yr (ᛦ) ist außerdem eine Umkehrung von Maðr (ᛘ), der Lebensrune, und wird daher oft als „*Todesrune*" bezeichnet. Abgesehen davon stellt diese Rune die einzige Änderung der Buchstabenfolge dar, die das Jüngere Futhark bei seiner Entwicklung aus seiner älteren Form erfahren hat.

Das Ältere Futhark endet mit der Rune Othala (ᛟ), dem Symbol für Erbe oder Erbschaft. Sie erinnert uns daran, unsere Vorfahren zu ehren, indem wir zurückgeben, was uns gegeben wurde, und es im Gegenzug weitergeben. Das Jüngere Futhark hingegen schließt seine Runen mit Yr (ᛦ) ab, einem Symbol für Tod und Wiedergeburt. ᛦ wird auf Grabsteinen eingraviert, weil man glaubt, dass diese Rune den Seelen auf ihrer Reise über die physische Welt hinaus hilft. Darüber hinaus bedeutet Yr auch, dass man sich auf die Ziele des Lebens einlässt und innere Stärke erlangt. Im Gegensatz zu den anderen Runen hat Yr keine merkstave Bedeutung und existiert auch nicht in einer Kurzzweigvariante.

Mit der alten Rune Yr, die für Tod und Auferstehung steht, vervollständigen wir Týrs Ætt und das Jüngere Futhark. In diesem Kapitel haben wir unser Wissen über das Ältere und das Jüngere Futhark vertieft und erfahren, wie Sie jede Rune in Ihren Lesungen interpretieren können. Nun ist es an Ihnen, zu entscheiden, welche Version Sie bevorzugen. Das nächste Kapitel wird sich mit dem faszinierenden Angelsächsischen Futhark und einem seiner Hauptwerke, dem „*Angelsächsischen Runengedicht*", beschäftigen.

— **5** —

Angelsächsisches Futhorc

Das Ältere Futhark war das ursprüngliche Runenalphabet, das die germanischen Sprachen in Nordeuropa repräsentierte. Seine Weiterentwicklung zum Jüngeren Futhark um 200 n. Chr. markierte den Beginn seiner Verwendung auf dem skandinavischen und europäischen Festland, wo das Altnordische vorherrschte. Ein Schwestersystem zum Jüngeren Futhark entstand, um zu einer fremden Sprache auf den Britischen Inseln zu passen. Dieses System, das als Futhorc bekannt ist, umfasst 33 Runen und wird für das Altenglische verwendet.

Vom 5. bis zum 12. Jahrhundert waren die angelsächsischen Runen allgegenwärtig und dienten als Hauptschriftsystem für Altenglisch. Mit der Dominanz des Lateinischen im 7. Jahrhundert n. Chr. wichen die Runen jedoch ihrem alphabetischen Gegenstück. Dennoch blieb Futhorc bis ins 12. Jahrhundert für Weissagungen und Schutzzauber beliebt.

Das Futhorc war weiter entwickelt als sein Schwestersystem, da es sich an seine Mutterschrift anlehnte und von 24 auf 33 Runen erweitert wurde. In diesem Kapitel werden die Leser eine Reise durch dieses letzte große Runensystem unternehmen. Außerdem werden wir verstehen, wie es sich von seinem Vorgänger und vom Jüngeren Futhark unterscheidet.

Geschichte des Angelsächsischen Futhorcs

In der Mitte des 5. Jahrhunderts markierte die angelsächsische Migration einen Wendepunkt in der britischen Geschichte. Das Ende der römischen Herrschaft über die britischen Inseln im Jahr 410 n. Chr. und die Entstehung der angelsächsischen Kultur und des angelsächsischen Volkes waren bedeutende Ereignisse in dieser Zeit. Als Roms Herrschaft über Britannien ins Wanken geriet, war England eine der ersten Regionen, die unter seinem schwindenden Einfluss zu leiden hatte. Ohne römischen Schutz erhoben sich lokale Stämme wie die Briten und Kelten gegen die römischen Provinzen in England. Dies führte zu einem Rückgang der römischen Militärpräsenz auf britischem Boden bis zu deren Abzug.

Mit der Ankunft der Angeln, Sachsen und Jüten veränderte sich die Führungslandschaft Großbritanniens. Sie beanspruchten rasch die Macht und gründeten eigene Königreiche. Vor dieser Machtverschiebung waren britisches Keltisch und Latein weit verbreitet, und für die Schrift wurde das lateinische Alphabet verwendet. Nach einigen Jahrhunderten war Altenglisch als Hauptsprache Englands etabliert, begleitet von einem eigenen Schriftsystem, dem Angelsächsischen Futhorc. Durch diese Entwicklungen befand sich England an einem bedeutenden Scheideweg von Geschichte, Kultur und Sprache.

Die altenglische Sprache, die ihren Ursprung bei westgermanischen Stämmen hat, wurde durch eine Vielzahl von Einflüssen in ihrer Entwicklung beeinflusst. Die Angeln, Sachsen, Jüten und Friesen trugen alle zu dem bei, was später zu Altenglisch wurde. Eine Version des Runenalphabets, die sogenannten „anglo-friesischen" Runen, wurde ebenfalls stark von den in den genannten Gebieten gesprochenen Sprachen beeinflusst.

Das lateinische Alphabet verdrängte gegen Ende des 7. Jahrhunderts das Altenglische und die Runenschrift. Als sich das Christentum in England ausbreitete, ersetzte Latein bald beide Sprachen als Schriftsprache dieser Zeit. Dennoch wurden die Runen bis zum 11. Jahrhundert weiterhin zur Weissagung verwendet.

In verschiedenen Texten wird darauf hingewiesen, dass diese modifizierten Runenalphabete in den verschiedenen Kulturen unterschiedlich interpretiert wurden. So wurden beispielsweise angelsächsische Runen anders verwendet als ihre nordischen Varianten. Einige Quellen weisen darauf hin, dass sie sogar in Anti-Hexerei-Sprüchen und magischen Beschwörungen verwendet wurden. Dies verdeutlicht, wie vielfältig und nuanciert Runensymbole sein können, wenn sie in unterschiedlichen Kontexten und an verschiedenen geografischen Orten verwendet werden.

Die Runen des Futhorcs

Wie die beiden anderen Runenschriften gliedert sich auch Futhorc in drei Runengruppen, die als Ættir bezeichnet werden. Jede Gruppe besteht aus acht Runen, die von einem Gott oder einer Göttin beherrscht werden. Diese Runen werden nicht nur für die traditionelle Wahrsagerei verwendet, sondern können auch für Schutzzauber und andere magische Praktiken eingesetzt werden. Außerdem wurden am Ende des Futhorcs neun neue Runen hinzugefügt. Diese bieten Einblicke in magische Kräfte und ihre Bedeutungen, die weiter erforscht werden können. In diesem Abschnitt befassen wir uns mit allen drei Ættir näher und untersuchen, was die neuen Runen bieten.

Freyr/Freyjas Ætt

Seit dem Altertum werden Runen verwendet, um Weisheit zu vermitteln und Lehren zu erteilen. Die erste Gruppe von Runen auf der Reise des Runenalphabets, Freyrs und Freyjas Ætt, besteht aus gegensätzlichen Kräften, denen wir beim Heranwachsen begegnen. Sie symbolisiert die Herausforderungen, die ein Schüler zu ertragen hat, wenn er sein esoterisches Studium der Runenkunde beginnt. Diese Runengruppe spiegelt die Konflikte zwischen Beherrschung und Freiheit, Göttern und Dämonen sowie Licht und Dunkelheit wider. Außerdem sind die *„Geschenkrune"* und die *„Ruhmesrune"* am Ende dieses Ætt keine Gegenüberstellungen, sondern Belohnungen für harte Arbeit, die einem Eingeweihten zuteilwerden. Ein Geschenk für die bestandenen Prüfungen und schließlich Ruhm für den gewonnenen Preis (Weisheit).

Wenn es darum geht zu verstehen, wie sich Futhorc vom Älteren Futhark oder Jüngeren Futhark unterscheidet, gibt es ein angelsächsisches Runengedicht, das die Bedeutung jeder Rune erklärt. Dieses Gedicht wurde vom christlichen Mönch Ælfric, auch bekannt als *„Ælfric der Grammatiker"*, in seinem Manuskript *Cotton Otho B.x fol. 165a - 165b* im 8. oder 9. Jahrhundert niedergeschrieben.

Das Wissen in diesen Runen kann genutzt werden, um uns darüber aufzuklären, wie die unterschiedlichen Symbole verschiedene Stufen des Wachstums im Leben darstellen; es ist eine unschätzbare Ressource, die uns durch unsere Einweihung ins Leben führen kann. Die Runen können uns den Weg weisen, wenn wir sie als Werkzeuge nutzen, um die Herausforderungen des Lebens auf unserer Reise zu Weisheit und Ruhm zu meistern.

Feoh (ᚠ)

> *„Reichtum ist ein Trost für alle Menschen;*
> *doch muss jeder Mensch ihn frei verteilen,*
> *wenn er in den Augen des Herrn Ehre erlangen will. "*
> ***(Altenglisches Runengedicht, Vers 1)***

Von den ersten Tagen unserer Reise mit dem Futhorc an gibt es einen deutlichen Unterschied in der Stimmung, die durch sein Gedicht hindurchscheint, verglichen mit der, die beim Jüngeren Futhark vorherrscht. Während in den isländischen und norwegischen Runengedichten Fé (ᚠ) als *„Ursache für Streit unter den Menschen"* dargestellt wird, wird sie in ihrem altenglischen Gegenstück als gleichwertiger Trost für alle interpretiert, solange sie sie teilen. Dieses Konzept des gegenseitigen Austauschs steht in bemerkenswertem Kontrast zu der Idee des Opfers, die das vorherige Runengedicht vermittelt.

Feoh (ᚠ) steht für seine Schwesterrune im Jüngeren Futhark und seinen Vorgänger im Älteren Futhark, wobei es eine ähnliche Form hat. Sie wird auch mit *„f"*- und *„v"*-Lauten assoziiert, die auch in ihrer frühesten Inkarnation als Fehu (ᚠ) gehört werden. Diese Rune steht für Reichtum und symbolisiert die familiäre Unterstützung während unserer Entwicklungsjahre und erinnert uns daran, dass wir schließlich hinausgehen und nach unserem Wohlstand streben müssen. Um diesen Punkt zu verdeutlichen, steht Feoh für unseren Ehrgeiz trotz Nöten und Widrigkeiten.

Ur (ᚢ)

„Der Auerochse ist stolz und gehörnt;
Es ist ein sehr wildes Tier und kämpft mit seinen Hörnern;
ein berühmter Durchstreifer der Moore, es ist ein prächtiges Wesen. "
(Altenglisches Runengedicht, Vers 2)

Die Rune Úr (ᚢ) des Jüngeren Futharks hat ihre Wurzeln in der nordischen Mythologie und steht für die Kraft der Selbstgestaltung und Transformation. Sie spricht von der Fähigkeit, die eigene innere Kraft zu nutzen und den Lauf des Lebens zu verändern, und bietet ein energetisches Potenzial, wenn sie aufrecht geworfen wird. Ein merkstaves Auftreten hingegen steht für die Beherrschung durch äußere Kräfte, die das Wachstum blockieren. Diese Rune ist mit dem *Auerochsen* verbunden, einer ausgestorbenen wilden Rinderart, die für ihre Stärke und ihr unberechenbares Wesen bekannt war, und erinnert daran, dass Selbstbestimmung zu großer Macht führt.

Þorn (Þ)

„Der Dorn ist sehr scharf,
eine böse Sache, die kein Ritter anfassen sollte,
ungewöhnlich hart für jeden, der auf ihm ausruht.“
(Altenglisches Runengedicht, Vers 3)

Ein Punkt, an dem sich das Futhorc von beiden Versionen des Futharks unterscheidet, ist die Bedeutung der Þ-Rune des Alphabets. Obwohl sie denselben Klang und dieselbe Form hat, bedeutet Þ im Altenglischen *„Dorn“*, während es im Altnordischen und Urgermanischen *„Riese“* bedeutet. Die Runen Thurisaz (Älteres Futhark) und þurs (Jüngeres Futhark) waren die Runen der rohen Kraft sowie der Verbindung und des Gegensatzes zwischen den Riesen (Dämonen) und den Göttern. Þorn hingegen ist eine Rune der Zerstörung und der Verteidigung. Sie steht für die scharfen *„Dornen in deiner Seite“*, die als Hindernisse dienen, die Sie überwinden und an denen Sie wachsen müssen.

Die uralte Rune þorn hat viele Bedeutungen. Zum Beispiel kann sie bedeuten, Stärke und Härte durch erschütternde Erfahrungen zu gewinnen. Ebenso kündigt sie eine Warnung vor Gefahren und Verrat auf dem vor uns liegenden Weg an. Einige haben jedoch die Theorie aufgestellt, dass ihre Bedeutung *„Dorn“* eine Metapher für Thor ist. Er ist der mächtige Halbriese und Sohn Odins, der mit dem Donner in Verbindung gebracht wird. Nach dieser Deutung ist þorn die Rune der Gegensätze und der rohen Kraft, wodurch eine komplexe und starke Symbolik verstärkt wird.

Þorn ist ein Symbol und ein Beispiel für Weisheit aus der nordischen Mythologie, das sich auf das heutige Leben anwenden lässt. Seine Bedeutung hat die Jahrhunderte überdauert und bietet Suchenden, die seine symbolischen und praktischen Bedeutungen erfassen wollen, Orientierung.

Ōs (ᚩ)

„Der Mund ist die Quelle aller Sprache,
eine Säule der Weisheit und ein Trost für weise Männer,
ein Segen und eine Freude für jeden Ritter. "
(Altenglisches Runengedicht, Vers 4)

Die Rune der Wahrheit und Gerechtigkeit, Ōs, hat im Futhorc zwei verschiedene Bedeutungen. Die erste Bedeutung ist *„Gott"*, was sich speziell auf Odin bezieht. Diese Bedeutung spiegelt Ansuz (ᚠ) im Älteren Futhark und Ós (ᚼ) im Jüngeren Futhark wider. Die zweite Deutung von Ōs ist *„Mund"*. Diese Bedeutung ist ein weiterer Hinweis auf Odin, der laut der Lieder-Edda den *„Atem des Lebens"* hat. Odin ist auch der Meister der Kommunikation, der fähig ist, alle und jeden zu inspirieren. Als solche ist Ōs die Rune der Götter, der Inspiration und der Kommunikation mit anderen und dem höheren Selbst. Was unsere Reise durch das Runenalphabet betrifft, so ist Ōs *(Motivation und Kommunikation mit den Göttern)* das Gegengewicht zu þorn *(Hindernisse und die Gefahr von Dämonen)*. In ähnlicher Weise ist dies dasselbe wie Ós zu þhurs im Jüngeren Futhark und wie Ansuz zu Thurisaz im Älteren Futhark.

Wenn sie aufrecht geworfen wird, bedeutet Ōs, dass Wissen oder Kommunikation mit Ihrem höheren Selbst oder anderen Mächten eintrifft. Als Rune der Inspiration ist Ōs ein Zeichen dafür, dass göttliche Energien an Ihnen und Ihrem Lebensweg interessiert sind. Wird sie jedoch umgedreht geworfen, wird Ōs als Zeichen für Fehlkommunikation, Irreführung durch Manipulation oder Täuschung über Ihre Ziele oder den Sinn Ihres Lebens interpretiert.

Rād (ᚱ)

„Reiten scheint jedem Krieger leicht zu fallen, solange er daheim ist,
und sehr mutig für den, der auf langen Wegen unterwegs ist
auf dem Rücken eines kräftigen Pferdes. "
(Altenglisches Runengedicht, Vers 5)

Eine weitere Rune, die in den verschiedenen Runenschriften unverändert bleibt, ist Rād (ᚱ). Diese Rune entspricht Raidho (ᚱ) im Älteren Futhark und Reið (ᚱ) im Jüngeren. Sie steht für die Reise und zeigt uns den Weg der Einweihung in die größeren Geheimnisse des Lebens. Aufrecht stehend ist diese Rune ein Zeichen dafür, dass Sie eine Zeit der persönlichen Entwicklung durchmachen. Sie zeigt, dass Sie auf dem Weg sind, die Erfahrungen zu machen, die Sie brauchen, um die Person zu werden, die Sie sein wollen. Merkstave bedeutet Rād jedoch, dass Sie sich von Ihrem Lebensweg oder Ihrem Lebensziel abspalten. Es bedeutet auch, dass Sie so schnell wie möglich wieder auf den richtigen Weg kommen müssen, sonst riskieren Sie unnötige Schwierigkeiten.

Cēn (ᚲ)

„Die Fackel ist jedem Lebenden durch ihre blasse,
helle Flamme bekannt;
Sie brennt immer dort, wo Fürsten drinnen sitzen. "
(Altenglisches Runengedicht, Vers 6)

Ein weiterer Punkt, in dem sich das Futhorc von den beiden anderen Runenschriften unterscheidet, ist die Einbeziehung des Buchstaben „c" in das Alphabet. Kaunan (ᚲ), das „*Geschwür*" bedeutet, steht nur für den Laut „k". Kaun (ᚴ), sein Äquivalent im Jüngeren Futhark mit derselben Bedeutung, steht für die Laute „k", „g" und „ŋ", und Cēn (ᚲ) steht für k und tʃ *(ein starker „tsch"-Laut)*. Diese Rune bedeutet „*Fackel*" und ist die Rune der Erleuchtung. Sie steht für die Erlangung von Wissen durch

Lernen und Erfahrung. Ebenso bedeutet sie, dass wir in der Lage sind, unsere Fähigkeiten zu verbessern und das Gelernte in die Welt einzubringen.

Cēn, aufrecht geworfen, symbolisiert den Erwerb von neuem Wissen und einen Prozess der persönlichen Entwicklung und des Wachstums. Sie verweist auf die Essenz der gelenkten Energie und darauf, dass man sein Handwerk verfeinert hat. Erscheint Cēn hingegen in umgedrehter Form, kann sie darauf hinweisen, dass man mit seiner inneren Führung nicht im Einklang ist oder seine Prioritäten falsch setzt. Außerdem kann das umgedrehte Cēn auf eine unpersönliche Haltung, mangelndes Bewusstsein oder einen Überlegenheitskomplex hinweisen.

Gyfu (X)

„Großzügigkeit bringt Anerkennung und Ehre,
die die Würde des Menschen stärken;
sie bietet Hilfe und Unterhalt
für alle gebrochenen Menschen, die nichts anderes mehr haben."
(Altenglisches Runengedicht, Vers 7)

Während das Ætt von Freyr und Freyja mit Kaun endet, der k-Rune des Wortes Futhark, folgt das Futhorc den Wegen seiner Mutterschrift und enthält zwei weitere Runen in seinem ersten Ætt. Die erste ist Gyfu (X), die Weiterentwicklung von Gebo (X), die für *„Geschenk"* steht. Sie ist die Rune der Großzügigkeit und steht für einen gleichwertigen Austausch, im Sinne von: Was man reinsteckt, bekommt man auch wieder raus. Als solches ist es das *„Geschenk"*, sich selbst zu verbessern, seine Fähigkeiten zu erweitern und die Welt in vollen Zügen zu erleben.

Wenn Gyfu aufrecht steht, zeigt sie an, dass Sie bald ein *„Ges-chenk"* erhalten werden, das dem Opfer entspricht, das Sie dafür erbracht haben. Sie kann auch bedeuten, dass Ihre Sicht bald klar wird und dass Sie den göttlichen Segen haben, weiterzumachen. Gyfu hat keine Merkstave-Form. Wenn diese Rune jedoch in Opposition liegt, bedeutet sie übermäßige Abhängigkeit oder Habgier. Sie ist auch ein Zeichen dafür, dass man sich übermäßig aufopfert, ohne einen entsprechenden Gewinn zu erzielen.

Wynn (ᚹ)

„Glückseligkeit genießt derjenige, der weder Leid noch Kummer
noch Angst kennt,
und hat Wohlstand und Glück und ein Haus, das gut genug ist.“
(Altenglisches Runengedicht, Vers 8)

Die Rune Wynn (ᚹ) ist eine der ältesten Runen des Futhorcs und entwickelte sich aus Wunjo (ᚹ) im Alten Futhark. Wenn sie aufrecht geworfen wird, steht diese Rune für Hoffnung und Harmonie und symbolisiert Ruhm oder spirituelle Belohnungen. Wird die Rune jedoch merkstave geworfen, ist sie ein Zeichen für Entfremdung, Unwissenheit und potenzielle Gefahr.

Im Laufe der Geschichte wurde Wynn mit Gefühlen der Zufriedenheit assoziiert, die sich aus der richtigen Anwendung des eigenen Willens oder der Beherrschung einer Fähigkeit ergeben. Sie kann auch so interpretiert werden, dass Leistung, Wohlstand oder Kameradschaft gefördert werden. Zur weiteren Veranschaulichung ihrer Bedeutung sei erwähnt, dass viele nordische Stämme diese Rune auf ihre Waffen ritzten, bevor sie in die Schlacht zogen, um sie vor Schaden zu bewahren.

Heimdalls Ætt

Wenn der Eingeweihte die Prüfungen und Entscheidungen von Freyrs oder Freyjas Ætt bestanden hat, erhält er das Geschenk der Weisheit und die Belohnung für seine Opfer. Wenn er den Ruhm dieser Weisheit erkennt und sich mit seiner Belohnung abfindet, ist der Eingeweihte bereit, zu Heimdalls Ætt überzugehen, dem Ætt, ein Krieger zu werden.

Hægl (ᚺ)

„Hagel ist das weißeste Korn;
es wird aus dem Himmelsgewölbe herabgewirbelt,
Windböen treiben es
und dann schmilzt es zu Wasser."
(Altenglisches Runengedicht, Vers 9)

Die Rune Hægl bedeutet *„Hagel"* und steht für die unvorhersehbaren Wendungen des Lebens. Stellen Sie sich vor, Sie bereiten sich auf einen Umzug in eine neue Stadt vor und stoßen auf unerwartete Hindernisse und Möglichkeiten. Was die Form der Rune angeht, so ist sie fast eine Kopie ihrer Stammrune Hagalaz (ᚺ), die in einigen Dialekten des Älteren Futharks ebenfalls mit zwei Querbalken gezeichnet wurde. Außerdem sieht die h-Rune des Jüngeren Futharks, Hagall (ᚼ), ganz anders aus, hat aber die gleiche Bedeutung.

Hægl symbolisiert die Kämpfe, die nötig sind, um widerstandsfähig zu werden. Daher ist sie die Rune des Gießens, Härtens, Prüfens und Aushaltens. Sie ist wie das Schmieden einer Klinge, was ständige Geduld und Anstrengung erfordert, und um stark zu werden, muss man sich Schwierigkeiten stellen und weitermachen. Mit der Ankunft von Hægl, der ersten Rune in Heimdalls Ætt, sind wir also aufgefordert, unsere Stärke zu zeigen.

Wenn Hægl in Ihrem Wurf aufrecht erscheint, bedeutet sie Wachstum und Gleichgewicht. Sie kann aber auch ein unheilvolles Zeichen sein, das auf Gefahr oder Verlust hinweist. Sie könnten sich zum Beispiel auf eine große Unternehmung vorbereiten, und die Rune warnt Sie, dass Sie sich auf mögliche Probleme einstellen sollten.

Nȳd (ᚾ)

„Die Not drückt auf das Herz;
doch oft erweist sie sich als Quelle der Hilfe und des Heils
für die Menschenkinder, für jeden, der sie zur rechten Zeit beachtet.“
(Altenglisches Runengedicht, Vers 10)

Als Nächstes haben wir Nȳd, die Futhorc-Variante von Naudiz und Schwester von Nauðr aus dem Jüngeren Futhark. Die Runenform (ᚾ), die *„Not“* bedeutet, und der Lautwert (n) dieser Rune sind seit den Tagen des Älteren Futharks gleich geblieben. Dies ist die Rune der Mühsal und des Aufbaus von Stärke. Es geht darum, sich mit Orlog (Ihrem Schicksal) zu arrangieren und es zu Ihrem eigenen zu machen. Während Hægl uns mit unerwarteten Ereignissen bedrängt, formt Nȳd uns zu dem, was uns bestimmt ist.

Aufrecht geworfen bedeutet Nȳd ein Verständnis für die grundlegenden Wahrheiten des Lebens. Es ist der Antrieb für Innovation und mehr Selbstständigkeit. Dagegen kann sie eine Warnung vor Mangel oder Schwierigkeiten sein, wenn sie umgedreht erscheint. Wenn Sie zum Beispiel Ihre Traumkarriere anstreben, aber immer wieder Nȳd in Ihren Deutungen finden, kann dies darauf hinweisen, dass Sie Ihren Plan überdenken und einige Änderungen vornehmen müssen, um Ihrem Ziel näher zu kommen.

Īs (ᛁ)

„Eis ist sehr kalt und sehr glatt;
Es glänzt glasklar und ist einem Edelstein sehr ähnlich;
Ein vom Frost gemachter Boden, der schön anzusehen ist.“
(Altenglisches Runengedicht, Vers 11)

Eine weitere Rune, die sich in den wichtigsten Runenalphabeten kaum verändert hat, ist die i-Rune – Isaz im Älteren Futhark, Íss im Jüngeren Futhark und Īs im Futhorc. Alle drei bedeuten

„Eis" und stehen für Selbstbeherrschung und Konzentration. Auf unserer Runenreise symbolisiert Īs die Stille und Stärke des Geistes, die wir entwickeln müssen, um unser Ego in Schach zu halten. Nach dem Härten und Formen der letzten beiden Runen geht es bei Īs um das Abkühlen und Erstarren. Je mehr spirituelles Wissen und Bewusstsein wir durch die Tests und Prüfungen, denen wir uns stellen und die wir überwinden, erlangen, desto eigensinniger werden wir. So wird unser Ego unweigerlich wachsen, um unseren neuen Stärken zu entsprechen. Īs dient als Erinnerung daran, die Selbstbeherrschung und die Stille des Geistes zu entwickeln, die notwendig sind, um dieses erstarkende Ego in Schach zu halten.

Wenn sie aufrecht geworfen wird, ist Īs ein Zeichen für wachsende Klarheit oder sich entwickelndes Selbstbewusstsein. In Opposition deutet sie auf Selbstverherrlichung, egoistisches Verhalten, Übermut oder andere Formen des Verlusts der Selbstkontrolle hin. Īs hat keine merkstave Form.

Gēr (ᚼ)

„Der Sommer ist eine Freude für die Menschen, wenn Gott, der heilige König des Himmels,
die Erde herrliche Früchte hervorbringen lässt
für Arme und Reiche gleichermaßen. "
(Altenglisches Runengedicht, Vers 12)

Jēran (ᛃ), die j-Rune aus dem Älteren Futhark, ist im Angelsächsischen Futhorc als Gēr (ᚼ) bekannt. Diese Rune hat in beiden Versionen eine doppelte Bedeutung, nämlich *„gute Ernte"* oder *„gutes Jahr"*. Aufrecht geworfen stellt Gēr eine Anerkennung für all die harte Arbeit und die positiven Handlungen dar, die unternommen wurden. Sie deutet darauf hin, dass man die Früchte seiner Reise bald ernten kann. Außerdem steht sie in aufrechter Form für Frieden und Wohlstand.

Leider kann sie in Opposition ein schlechtes Timing, Stagnation und Rückschritt bedeuten. Gēr hat keine merkstave Form, was eine Unfähigkeit zum Fortschritt aufgrund von ungünstigen Zeitpunkten darstellen könnte. Sie besteht aus zwei Teilen: einer nach oben gerichteten Speerspitze, die den Erfolg verkörpert, und einem nach unten gerichteten Pfeil, der einen Mangel an Schwung kennzeichnet.

Ēoh (ᛇ)

„Die Eibe ist ein Baum mit rauer Rinde,
hart und fest in der Erde, gestützt durch seine Wurzeln,
ein Hüter der Flamme und eine Freude auf eigenem Land.“
(Altenglisches Runengedicht, Vers 13)

Die Darstellung von Yggdrasil im Runenalphabet, Ēoh (ᛇ), ist die Weiterentwicklung von Eihwaz (ᛇ) aus dem Älteren Futhark. Dies ist eine Rune, die im Jüngeren Futhark fehlt. Ēoh bedeutet *„Eibe“* und ist die Rune des Lebens, des Todes und der Erneuerung. Sie ist die Rune des Weltenbaums, des Baums des Lebens. Mit Leben und Tod meint Ēoh nicht nur das Kommen und Gehen aus dieser sterblichen Hülle. Sie steht auch für das Entstehen neuer Gewohnheiten oder das Ende unerwünschter Persönlichkeitsmerkmale. Auf unserer Reise durch das Runenalphabet steht Ēoh für das Wachstum des Einzelnen im Laufe der Jahre. So wie ein Baum im Winter seine Blätter abwirft, bevor er im Frühling neue wachsen lässt, lassen wir Teile von uns selbst zurück und entwickeln neue Fähigkeiten, während wir den Weg des Lebens weitergehen.

Wenn Ēoh aufrecht geworfen wird, bedeutet das, dass Sie Fortschritte auf dem Weg zur Erleuchtung machen oder dass Sie auf dem richtigen Weg sind, das zu bekommen, was Sie suchen. Aber merkstave geworfen ist sie ein Zeichen von Unzufriedenheit, Schwäche oder Verwirrung.

Peorð (ᛈ)

*„Peorth ist eine Quelle der Erholung und des
Vergnügens für die Großen,
wo die Krieger fröhlich im Festsaal zusammensitzen. "*
(Altenglisches Runengedicht, Vers 14)

Die p-Rune des Futhorcs ist Peorð (ᛈ), die sich aus ihrem Vorläufer, Perthro (ᛈ), entwickelt hat, einer Rune, die im Jüngeren Futhark nicht vorkommt. Ihre nächstliegende deutsche Übersetzung ist *„Losbecher"*, der von den Wikingern für ein Schicksalsspiel verwendet wurde. Diese besondere Rune umfasst das Potenzial, die Chancen und das Glück, die jeder Mensch auf seinem Lebensweg erfährt. Wenn Peorð mit der richtigen Seite nach oben erscheint, sagt sie Glück und Erfolg voraus. Erscheint sie jedoch umgedreht, signalisiert sie Unglück, das sich unserer Kontrolle entzieht.

Eolh (ᛉ)

*„Die Eolh-Segge ist meist in einem Sumpfgebiet zu finden;
Sie wächst im Wasser und bildet eine grässliche Wunde
und bedeckt jeden Krieger, der sie berührt, mit Blut. "*
(Altenglisches Runengedicht, Vers 15)

Nach der Peorð-Rune folgt die x-Rune des Futhorcs, Eolh (ᛉ). Dieses Symbol hat eine zutiefst spirituelle und schützende Bedeutung. Sie ist das angelsächsische Äquivalent der z-Rune des Älteren Futharks, Algiz (ᛉ), während ihr jüngeres Gegenstück die ʀ-Rune, Yr (ᛦ), ist. Diese drei Runen haben unterschiedliche Namen und Bedeutungen: Algiz und Eolh bedeuten „Elch", während Yr mit *„Eibe"* übersetzt wird. Während diese Rune im Jüngeren Futhark als Zeichen des Todes angesehen werden kann, bedeutet sie im Älteren Futhark und im Angelsächsischen Futhorc Wiedergeburt und Schutz.

Die tiefere spirituelle Bedeutung, die hinter dem Werfen von Eolh steht, umfasst das Wachstum der persönlichen Stärke und den Schutz vor Gefahren. Wenn sie aufrecht geworfen wird, zeigt sie eine blühende Verbindung mit Ihrem höheren Selbst an, indem Sie sich für Botschaften von oben öffnen können. Die Kehrseite dieser Rune zeigt jedoch die Trennung von dieser Verbindung oder eine Gefahr, die auf Ihrem Weg entstehen kann. Daher kann sie bei einer Deutung eher zur Vorsicht als zu freudigem Feiern raten.

Sigel (ᚻ)

„Die Sonne ist immer eine Freude für die Seeleute,
wenn sie über das Bad der Fische fahren,
bis das Meerross sie an Land trägt.“
(Altenglisches Runengedicht, Vers 16)

Die letzte Rune von Heimdalls Ætt, dem Ætt des Kriegers, ist Sigel (ᚻ). Sie bedeutet *„Sonne“* und ist die Weiterentwicklung von Sowilō (ᛋ) aus dem Älteren Futhark und die Schwester von Sól (ᚼ) aus dem Jüngeren Futhark. Alle haben die gleiche Bedeutung, wobei Sigel und Sól in ihrer Runenform identisch sind. Sigel ist die Rune des Erfolgs. So wie Freyrs und Freyjas Ætt positiv mit Gyfu *(Geschenk)* und Wynn *(Freude oder Glückseligkeit)* endet, so endet auch das von Heimdall. Mit Eolh verbinden wir uns mit dem Göttlichen und mit unserem höheren Selbst. Mit Sigel erreichen wir den Erfolg und die Ganzheit, die sich aus dem Sieg im Kampf oder der Beherrschung einer Fähigkeit ergeben.

Wenn Sigel aufrecht in Ihrem Wurf erscheint, ist sie ein Zeichen der Führung oder Hoffnung. Sie bedeutet, dass Sie auf dem richtigen Weg sind, Ihre Ziele zu erreichen und Ihre Lebensaufgabe zu erfüllen. Sigel besitzt keine merkstave Form, aber wenn sie in Opposition liegt, bedeutet sie falschen Erfolg, schlechte Ratschläge oder dass Sie Ihre Ziele oder Ihre Bestimmung aus den Augen verloren haben.

Týrs Ætt

Týr, der Gott der Gerechtigkeit und Schutzpatron der Helden, regiert das letzte Ætt des Runenalphabets. Dieses Ætt wird mit einem fähigen Krieger assoziiert, der alle notwendigen Eigenschaften verkörpert, um sich in seinem gewählten Bereich auszuzeichnen. Im Gegensatz zu Heimdalls Ætt, in dem es um Prüfungen und Tests geht, um ein Krieger zu werden, ist dies die Stufe, in der man einer wird und die dritte Stufe des Lebens und unserer Reise durch die Runenkunde abschließt. Diese Stufe markiert die Einweihung in das Verständnis der Göttlichkeit und ihrer tiefen Bedeutungen.

Tīr (↑)

„Tir ist ein Leitstern, der den Fürsten die Treue hält;
Er ist immer auf seinem Weg über die Nebel der Nacht und scheitert
nie.“
(Altenglisches Runengedicht, Vers 17)

Die erste Rune im dritten Ætt des Futhorcs ist Tīr (↑), die Weiterentwicklung von Tiwaz (↑) aus dem Älteren Futhark, dessen Schwester Týr (↑) ist. Alle drei beziehen sich auf den rätselhaften Gott der Germanen, Tyr. Dies ist die Rune der Gerechtigkeit und des Opfers. Im angelsächsischen Runengedicht steht Tīr für den *„Leitstern“* (Nordstern). Dieser Stern, der in der Antike von den Seefahrern zur Navigation auf den Meeren der nördlichen Hemisphäre verwendet wurde, symbolisiert einen moralischen und einen physischen Kompass. Als Funke der Ordnung und Kontrolle im Kosmos ist Tyr der Gott der Ordnung, Kontrolle und Gerechtigkeit. Auf unserer Runenreise steht Tīr für den Aufbau unserer Willenskraft und die Entwicklung unseres moralischen Kompasses, wenn wir spirituell erwachte Menschen werden.

Aufrecht geworfen ist Tīr ein Zeichen für Ehrlichkeit, Gerechtigkeit und den Sieg, der durch den Glauben an das Göttliche, die Treue zu Ihrem moralischen Kompass oder die Selbstaufopferung erreicht wird. Die merkstave Form von Tīr warnt vor geistiger Lähmung, übermäßigem Analysieren oder übermäßiger Selbstaufopferung. Sie kann auch auf Ungerechtigkeit oder eine andere Art von Ungleichgewicht hinweisen.

Beorc (ᛒ)

„Die Birke trägt keine Früchte; doch ohne
Samen bringt sie Ableger hervor,
denn sie werden aus ihren Blättern erzeugt.
Prachtvoll sind ihre Zweige und prächtig geschmückt
ihre erhabene Krone, die bis zum Himmel reicht.“
(Altenglisches Runengedicht, Vers 18)

Beorc ist eine weitere Rune, die in den verschiedenen Runenalphabeten größtenteils gleich geblieben ist. Die Runenform (ᛒ), die Bedeutung (Birke) und der Lautwert (b) sind in allen drei Alphabeten identisch, außer dass das Jüngere Futhark seiner Version von ᛒ, Björk, den Laut „*p*“ hinzugefügt hat. Im Älteren Futhark heißt sie „*Berkanen*“. Dies ist die Rune der Göttin der Birke, der Geburt und des Heiligtums. Als der erste Baum, der mit dem Übergang vom Winter zum Frühling wieder zum Leben erwacht, symbolisiert die Birke den Kreislauf des Lebens: *Geburt, Tod und Wiedergeburt.* Bei Ēoh bezieht sich dieser Zyklus nicht nur auf die Geburt oder den Tod eines Menschen. Vielmehr geht es um die Geburt, den Tod und die Wiedergeburt, die mit dem Wechsel der Jahreszeiten einhergehen, während wir zu verschiedenen Versionen von uns selbst heranwachsen. Außerdem ist Beorc die Rune der weiblichen Fruchtbarkeit und der Verwirklichung von Ideen und Zielen.

In ihrer aufrechten Position ist sie ein Zeichen des Werdens, einer sich verändernden Lebensweise oder der Zuflucht durch göttlichen Schutz und Heilung. Obwohl sie nicht merkstave geworfen werden kann, ist Beorc ein Zeichen für Sterilität, Stagnation, verschwommene Sicht oder verschworene Kräfte, wenn sie in Opposition liegt.

Eh (ᛖ)

„Das Pferd ist eine Freude für die Fürsten in der
Gegenwart von Kriegern.
Ein Ross im Stolz seiner Hufe,
wenn reiche Männer auf Pferden mit Worten um sich werfen;
und es ist immer eine Quelle des Trostes für die Rastlosen."
(Altenglisches Runengedicht, Vers 19)

Als nächstes folgt die e-Rune des Futhorcs, die Weiterentwicklung von Ehwaz (ᛖ) aus dem Älteren Futhark, Eh (ᛖ). Diese Rune kommt im Jüngeren Futhark nicht vor. Sie bedeutet *„Pferd"* und ist die Rune der Reise und des Fortschritts. Sie symbolisiert die äußeren und inneren Reisen, die wir im Leben unternehmen, und das Vertrauen, das wir in das *„Fahrzeug"* oder *„Ross"* haben müssen, das unser Körper ist. Wie ein Pferd mit einem erfahrenen Reiter steht Eh für die symbiotische Beziehung, die wir mit uns selbst und anderen haben müssen.

Wird sie aufrecht geworfen, steht Eh für Harmonie, Loyalität oder Freundschaft. Sie kann auch ein Zeichen für Zusammenarbeit und Vertrauen sein. In ihrer merkstaven Form ist Eh ein Zeichen für Disharmonie, Verrat oder einen Feind, der gegen Sie handelt. Schließlich kann sie auch auf Unentschlossenheit oder Misstrauen gegenüber Ihrem Weg hinweisen.

Mann (ᛗ)

„Der fröhliche Mensch ist seinen Verwandten lieb;
Und doch ist jeder Mensch dazu verdammt,
seinen Mitmenschen zu enttäuschen,
deshalb wird der Herr das gemeine Aas durch
seinen Befehl der Erde übergeben."
(Altenglisches Runengedicht, Vers 20)

Mit der Bedeutung von *„Mann"*, *„Mensch"* oder *„Menschheit"* ist Mann eine Rune, die Intelligenz, Planung und erhöhtes Bewusstsein verkörpert. Sie ist in den Runen des Älteren Futharks und des Jüngeren Futharks als Mannaz (ᛗ) bzw. Maðr (ᛘ) enthalten. Wenn wir auf unserer Runenreise voranschreiten, symbolisiert Mann unser Streben nach Selbstfindung, um dem näher zu kommen, was uns innewohnt. Diese Rune spricht auch von der Fähigkeit des Menschen, die Realität mit jenseitigen Kräften und natürlichen Elementen zu gestalten.

In aufrechter Position trägt Mann Energien in sich, die die Intelligenz und das erwachte Verständnis und die Verwirklichung des eigenen inneren Potenzials ermöglichen. In ihrer merkstaven Form kann Mann dagegen depressive Zustände oder unrealistische Überlegenheitsgefühle hervorrufen, eine Manifestation der emotionalen Hürden der Sterblichen.

Lagu (ᛚ)

„Der Ozean erscheint den Menschen unendlich,
wenn sie sich auf die rollende Borke wagen
und die Wellen des Meeres sie erschrecken
und das Meerross nicht auf sein Zaumzeug achtet."
(Altenglisches Runengedicht, Vers 21)

Die Rune Lagu gilt als eine der ältesten in der Praxis verwendeten Runen. Sie stammt aus der protogermanischen Sprache und wird seit Jahrhunderten in verschiedenen Runenalphabeten verwendet. Obwohl sie eine ähnliche Form und einen ähnlichen Klang hat, variieren die Interpretationen zwischen den Kulturen leicht.

Im Älteren Futhark bedeutet Laguz *„See"*, während es im Jüngeren Futhark *„Wasser"* oder *„Wasserfall"* bedeuten kann. In der anglo-friesischen Zeit war Lagu als *„Ozean"* oder *„Meer"* bekannt. Außerdem steht die Rune für die Lebensenergie und die Intuition, die jeden evolutionären Prozess antreibt.

In der Wahrsagerei hat diese Rune eine positive Konnotation, wenn sie aufrecht erscheint: *Prüfungen bestehen und Wachstum erreichen.* Andererseits kann ihre umgekehrte Position darauf hinweisen, dass sich jemand in Fantasien verliert oder von manipulativen Kräften kontrolliert wird.

Ing (ᛝ)

„Ing wurde erstmals unter den Ostdänen von den Menschen gesehen,
bis er, gefolgt von seinem Streitwagen,
über die Wellen nach Osten fuhr.
So nannten die Heardingar diesen Helden. "
(Altenglisches Runengedicht, Vers 22)

Die ŋ-Rune des Futhorcs, Ing (ᛝ), findet sich im Älteren Futhark als Inguz (ᛜ), ist aber im Jüngeren Futhark nicht enthalten. Die Form von Ing änderte sich zwar, aber die Bedeutung blieb erhalten. Ing steht für den protogermanischen Gott Ing oder Inwi. Dieser Gott war im Altnordischen als Yngvi und im Altenglischen als Ingƿine bekannt und ist ein früher Name für Freyr.

Bevor er unter dem Beinamen „Herr" bekannt wurde, war Freyr als Ing bekannt. Freyr ist der Gott der Fruchtbarkeit, des Friedens und des guten Wetters. Als solcher wird Ing mit der Bedeutung „*Samen*“ in Verbindung gebracht. Dies ist die Rune der Erde, der Landwirtschaft, der männlichen Fruchtbarkeit und der Sexualität. Auf unserer Runenreise steht Ing für den Akt oder Prozess der Schöpfung. Am besten kann man sich diese Rune so vorstellen, wie das Suffix -ing am Ende von englischen Verben in der Verlaufsform *Present Progressive* verwendet wird: doing, being, creating; der Prozess der Aktivität und Schöpfung.

Aufrecht geworfen ist Ing ein Zeichen für Reifung, Wachstum oder Zeitaufwand, um sich zu verbessern. Ing kann nicht merkstave erscheinen, aber wenn sie in der Opposition liegt, ist es ein Zeichen für leichtfertiges Verhalten, Unreife, Handeln oder Anstrengung, ohne dass man eine positive Veränderung erreicht.

Ēðel (ᛟ)

„Heimat ist für jeden Menschen sehr wichtig,
wenn er dort in seinem Haus genießen kann,
was in ständigem Wohlstand richtig und angemessen ist.“
(Altenglisches Runengedicht, Vers 23)

Mit der Bedeutung von „*Erbe*“ oder „*Erbschaft*“ ist Ēðel (ᛟ) die Futhorc-Version der o-Rune aus dem Älteren Futhark, Othala (ᛟ). Dies ist die Rune der Heimat, der Verbindung mit den Ahnen und der Nutzung und Verstärkung der spirituellen Kraft des Landes der Vorfahren. Ēðel hat eine Verbindung zur Rune Feoh (Reichtum), dem ersten Buchstaben des Runenalphabets.

Im Älteren Futhark ist es mit Othala die 24. und letzte Rune, die Erbe, Heimat und Land symbolisiert. Im Jüngeren Futhark hingegen ist sie an die vorletzte Stelle gerückt. Dieser Positionswechsel zeigt, wie wichtig es ist, sich einen Moment Zeit zu nehmen, um darüber nachzudenken, wie man seinen Reichtum nutzt, bevor man sich auf eine Reise begibt, um den Kreis zu schließen. Darüber hinaus ist diese spirituelle Reise nur möglich, wenn man die Bedeutung hinter jeder Rune versteht und weiß, wie sie zueinander in Beziehung stehen. Dieses Wissen kann uns helfen, unser Verständnis für unsere Vergangenheit, Gegenwart und Zukunft zu erweitern und bewusst als Teil eines größeren Kreislaufs zu leben.

Aufrecht bedeutet Ēðel Wohlstand, Freiheit und die Verbesserung der eigenen Gruppe. Umgedreht steht Ēðel für Armut, Obdachlosigkeit oder den Verlust des Kontakts mit dem Land der Vorfahren. Ebenso ist es ein Zeichen für Misshandlung, wie Rassismus oder Fremdenfeindlichkeit.

Dæg (ᛞ)

„Der Tag, das herrliche Licht des Schöpfers,
wird vom Herrn gesandt;
Er wird von den Menschen geliebt, ist Quelle von Hoffnung und
Glück für Arme und Reiche
und ein Dienst für alle.“
(Altenglisches Runengedicht, Vers 24)

Das letzte Runensymbol von Týrs Ætt, die Futhorc-Rune Dæg (ᛞ), ist von Dagaz (ᛞ) aus dem Alten Futhark abgeleitet. Beide Runen haben eine ähnliche Bedeutung wie *„Tag“* oder *„Morgengrauen“* und haben die gleiche Form. Dæg markiert das Ende einer Reise, die das Leben und den Zweck des menschlichen Lebens darstellt. Ebenso steht sie für die Einheit des eigenen Selbst, die Synthese mit der Umwelt und die Verbindung von Gegensätzen, um Erleuchtung zu erlangen.

Wenn sie aufrecht liegt, symbolisiert Dæg ein Erwachen, Wachsamkeit oder eine bevorstehende positive Veränderung. Liegt sie dagegen in der Opposition, bedeutet es, dass jemand blind für seine missliche Lage ist oder dass eine ungünstige Situation wahrscheinlich eintreten wird. Dies unterstreicht, wie wichtig es für die Menschen ist, über ihre Vergangenheit und Zukunft nachzudenken, im Moment zu leben und sich gleichzeitig bewusst zu sein, was als Nächstes kommen könnte.

Andere Runen

Obwohl die Reise durch die drei *Ættir* der Runenschrift zu Ende sein mag, ist dies nicht das Ende des erweiterten Alphabets des Futhorcs. Es gibt noch fünf weitere Runen im angelsächsischen Runengedicht, insgesamt 29. In einigen Dialekten des Futhorcs wurde es um vier weitere Runen erweitert, sodass das Runenalphabet insgesamt 33 Zeichen umfasst. Das Futhorc kann entweder in seiner aus dem Älteren Futhark abgeleiteten 24-Runen-Version oder in seiner 26-Runen-Version verwendet werden, in der Āc (ᚪ), *„Eiche"*, und Æsc (ᚫ), *„Esche"*, enthalten sind. Zusammen mit Ōs (ᚩ), *„Gott"*, sind diese Runen die Weiterentwicklung der a-Rune aus dem Älteren Futhark. Ansuz (ᚨ), aufgeteilt in drei verschiedene Laute, passt zu den sich entwickelnden Vokalen des Altenglischen und anderer anglo-friesischen Sprachen. Danach folgen die Runen, die später hinzugefügt wurden, als sich das Altenglische und das Futhorc entwickelten, und die keine Verbindung zu den Runen des Älteren Futharks haben. Gehen wir diese letzten Runen des Angelsächsischen Futhorcs durch.

Āc (ᚪ)

„Die Eiche mästet das Fleisch von Schweinen für die Menschenkinder.
Oft durchquert sie das Bad des Tölpels,
und das Meer beweist, ob die Eiche den Glauben behält
in einer ehrenhaften Weise."
(Altenglisches Runengedicht, Vers 25)

Āc, eine der Runen des Älteren Futharks, leitet sich von ihrer Mutterrune Ansuz (ᚠ) ab, die übersetzt „*Gott*" bedeutet. Sie symbolisiert das Potenzial kleiner Anfänge, die sich durch kontinuierliches Wachstum und Fortschritt zu etwas Größerem entwickeln können. Dargestellt durch eine Eichel, die zu einer mächtigen Eiche heranwächst, spiegelt sie die Kraft der Potenzialität wider. Sie steht für Stärke und Ausdauer und wurde aufgrund ihrer unglaublichen Fähigkeit, Stürmen und starken Winden zu widerstehen, zum Bau von Schiffen verwendet.

Aufrecht geworfen zeigt Āc an, dass man über alle erforderlichen Ressourcen verfügt, um erfolgreich zu sein; sind diese nicht vorhanden, so werden sie bald erworben. Es ist auch ein Hinweis darauf, dass man sein Potenzial gut nutzen sollte. Wenn sie jedoch merkstave geworfen wird, warnt sie vor einem Hindernis, das Ihr Wachstum bedrohen könnte, und davor, Ihr eigenes Potenzial nicht voll auszuschöpfen.

Æsc (ᚫ)

> *„Die Esche ist sehr hoch und wertvoll für die Menschen.*
> *Mit ihrem kräftigen Stamm bietet sie einen hartnäckigen*
> *Widerstand,*
> *auch wenn sie von vielen Männern angegriffen wird."*
> **(Altenglisches Runengedicht, Vers 26)**

Das dritte Kind von Ansuz (ᚠ) ist die æ-Rune, Æsc (ᚫ), aus dem Futhorc. Dieses Runensymbol ist eng mit der Esche verwandt. Wie ihr älterer Bruder, die Eiche, ist die Esche eine zuverlässige und lebenswichtige Ressource für die Waffenherstellung und das Handwerk. Wenn Æsc aufrecht geworfen wird, verleiht sie Stabilität und Widerstandsfähigkeit in Zeiten der Not und dient als Leuchtfeuer des Schutzes, der Hoffnung und der Heilung. Umgedreht bedeutet diese Rune eine schwierige Zeit, in der man sich von äußerer Sturheit oder anderen Hindernissen überwältigt fühlen kann.

Neben dieser Symbolik gibt es noch viele weitere faszinierende Fakten über Eschen und ihre Verwendung im Laufe der Geschichte. Nicht nur, dass sie in der nordischen Mythologie als heiliger Ort der Anbetung eine wichtige Rolle spielen. Seit der Antike wurden sie auch zur Herstellung von Werkzeugen wie Schlägeln und Äxten verwendet. Darüber hinaus waren sowohl ihr Holz als auch ihre Rinde aufgrund der in ihnen entdeckten antiseptischen Eigenschaften integraler Bestandteil verschiedener Medikamente. All diese Eigenschaften machen die mit der Esche assoziierten Runen nach der Überlieferung des Futhorcs zu einem der zuverlässigsten Symbole für Sicherheit und Geborgenheit.

Ȳr (ᛇ)

„Yr ist eine Quelle der Freude und
Ehre für jeden Fürsten und Ritter;
Sie sieht gut aus auf einem Pferd und ist eine
zuverlässige Ausrüstung für eine Reise.“
(Altenglisches Runengedicht, Vers 27)

Die y-Rune der Meisterschaft, Ȳr (ᛇ), wird mit der Eibe in Verbindung gebracht und ist die zweite Rune im Futhorc. Sie symbolisiert den Langbogen, eine ikonische und mächtige Waffe, die im Laufe der Geschichte verwendet wurde. Sie ruft dazu auf, sich der Kunst, dem Sport oder einer anderen Fähigkeit zu widmen, die man meistern kann. Wenn sie aufrecht steht, verheißt sie außerdem Leistungsfähigkeit und potenziellen Erfolg bei dem, was man sich vorgenommen hat. Liegt sie jedoch umgedreht, warnt Ȳr vor einem Mangel an erforderlichen Fähigkeiten, Faulheit oder Trägheit, die den Fortschritt behindern.

Um diese Kraft effektiv zu nutzen, muss man ihre tiefen kulturellen Wurzeln verstehen. Der nordischen Mythologie zufolge wurde der erste Langbogen von Ullr (Oller) geschaffen, einem geschickten Meisterschützen, der an der Seite Odins in Asgard lebte. Vor seinem Tod unterrichtete er auch seinen geliebten Sohn Baldr im Umgang mit Pfeil und Bogen. Diese Verbindung zwischen Ullr und Ȳr bringt eine Verehrung für ein Handwerk mit sich, das im Laufe der Geschichte eine zentrale Rolle gespielt hat.

Ior (✳)

„Ior ist ein Flussfisch und ernährt sich dennoch immer an Land;
Er hat einen schönen Wohnsitz, der von Wasser umgeben ist, wo er
in Glück lebt.“
(Altenglisches Runengedicht, Vers 28)

Ior (✳) ist die io-Rune (yo) des Futhorcs mit der Bedeutung *„Aal“*. Dies ist eine Variante der j-Rune, Gēr (✧), die *„Jahr“* oder *„Ernte“* bedeutet. Ior hingegen steht für Jörmungandr, die Weltenschlange. Zusammen mit Fenrir und Hel ist Jörmungandr ein Kind von Loki und der Riesin Angrboða, denen allen vorausgesagt wurde, dass sie Ragnarök herbeiführen würden. Daher wurden die drei Kinder getrennt: Hel wurde in die Unterwelt geschickt, Fenrir blieb als Wächter in Asgard, und Jörmungandr, das mittlere Kind, wurde in die Meere von Midgard (Erde) geworfen. In den Tiefen der Ozeane wuchs die Weltenschlange, um den Erdball zu umschließen, und biss sich dann in den Schwanz, was den Ouroboros darstellt. Wenn Jörmungandr seinen Schwanz wieder loslässt, wird Ragnarök beginnen.

Daher ist Ior eine Schutz- oder Bindungsrune. Darüber hinaus stellt diese Rune eine Schlange dar. Da eine Schlange sowohl im Wasser als auch an Land leben kann, ist dies die Rune der Dualität des Lebens. Wenn Ior aufrecht erscheint, bedeutet sie den Tod von etwas Altem, die Geburt von etwas Neuem oder eine Kombination aus beidem. Ior kann nicht merkstave erscheinen, aber wenn sie in Opposition liegt, drohen unvermeidliche Schwierigkeiten oder Gefahren.

Ēar (ᛠ)

„Das Grab ist für jeden Ritter schrecklich,
wenn der Leichnam schnell abzukühlen beginnt
und in den Schoß der dunklen Erde gelegt wird.
Der Wohlstand nimmt ab und das Glück vergeht
und Bündnisse werden gebrochen."
(Altenglisches Runengedicht, Vers 29)

Das letzte Zeichen im angelsächsischen Runengedicht ist Ēar (ᛠ), die ea-Rune des Futhorcs. Mit der Bedeutung von *„Grab"* ist dies die Rune der Vergangenheit, des Endes oder des Todes. Diese Rune wurde dem Futhorc erst spät hinzugefügt; ihre erste Verwendung wurde im 9. Jahrhundert dokumentiert. Während andere Runen, die sich mit dem Tod befassen, das Wachstum, das durch das Ende einer Sache und den Beginn einer anderen entsteht, zum Ausdruck bringen, ist Ēar der personifizierte oder symbolisierte Tod. Aufrecht stehend spricht Ēar von einem glücklichen Ende oder der Vollendung eines Ziels oder einer Aufgabe. Merkstave ist Ēar ein Omen für Tod oder Verlust und Traurigkeit.

Northumbrische Runen

Runen-Wahrsager und -Interessierte entdeckten die northumbrischen Runen im 8. Jahrhundert n. Chr. als Ergänzung zum Angelsächsischen Futhorc. Einige Menschen übernahmen diese Runen damals, um ihre Wahrsagepraktiken zu ergänzen und eine umfassendere Palette von Symbolen zu erhalten. Die Interpretation dieser vier Zeichen kann für den einzelnen Benutzer individuell gestaltet werden, je nachdem, was für ihn passt. Obwohl die lateinische Schrift das Futhorc zu dieser Zeit in der altenglischen Schrift ersetzt hat, können diese Runen immer noch in Zaubersprüchen und anderen Formen der Magie verwendet werden, um ihr volles Potenzial zu nutzen.

Cweorð (ᚸ)

Als ikonisches Symbol der Verwandlung in der Angelsächsischen Runenschrift spiegelt Cweorð oder Cþeorð (ᚸ) die Verwendung von Flammen in vielfältiger Weise wider. So ist sie eine Quelle von Wärme und Licht, eine Methode zur Reinigung der Verstorbenen und ihrer Seelen oder ein Symbol der Stärke. Sie hat ihre Wurzeln in Peorð (ᛈ), der p-Rune des Futhorcs. Außerdem ist sie nach Cēn (ᚳ), die „Fackel" bedeutet und für Erleuchtung steht, die zweite Feuerrune im Futhorc.

Aufrecht steht diese Rune für Mut und Ausdauer bei der Bewältigung der Herausforderungen des Lebens, wobei sie in erster Linie mit Transformation zu tun hat. Erscheint sie hingegen umgedreht, weist sie auf potenziell zerstörerische Kräfte hin, die Sie daran hindern könnten, Ihr Ziel zu erreichen. Die damit verbundenen Bedeutungen lassen sich weiter kontextualisieren, wenn man sich genauer ansieht, wie das Feuer von den Angelsachsen betrachtet wurde: Es gab ihnen Sicherheit und Heiligkeit in ihren Häusern und stand für Befreiung bei Feuerbestattungen.

Calc (ᛣ)

Die nächste northumbrische Rune ist Calc, eine andere Form der k-Rune, die *„Kelch"* (calic) oder *„Kalk"* (cealc) bedeutet. Worauf sich Calc bezieht, ist nicht bekannt, aber die Definition „Kelch" passt besser für Wahrsagezwecke. In dieser Bedeutung bezieht sich Calc auf einen rituellen Becher oder Kelch und erinnert an die Legende vom Heiligen Gral aus den Erzählungen von König Artus und den Rittern von Camelot. Calc ist die Rune der Opfergaben, da ein Kelch verwendet wird, um während einer Zeremonie daraus zu trinken. Sie symbolisiert auch den Tod und die Wiedergeburt, die ein Individuum während einer Zeremonie durchläuft, und das natürliche Ende von Dingen, die unweigerlich geschehen müssen. Wird sie aufrecht geworfen, ist Calc ein

Zeichen dafür, dass etwas zu einem positiven Abschluss kommt oder eine spirituelle Transformation bevorsteht. Wird sie dagegen merkstave geworfen, warnt sie vor einem vorzeitigen Ende von etwas oder einem unerwarteten Opfer.

Stan (ᛥ)

Mit der Bedeutung von *„Stein"* und dem Klangwert *„st"* symbolisiert Stan nicht nur das unbewegliche Hindernis, das ein Stein darstellen kann, sondern auch die kleinen steinernen Spielsteine. Stan ist die Rune der materiellen Hindernisse und der unvermeidlichen Schwierigkeiten, mit denen wir konfrontiert werden. Sie symbolisiert auch die Verbindung zwischen unseren göttlichen Seelen und irdischen Körpern. Wenn Stan aufrecht erscheint, bedeutet es Stärke, Leistung und die Fähigkeit, Hindernisse auf dem Weg zu überwinden. Stan besitzt keine merkstave Form, aber in Opposition liegend steht sie für eine Blockade, ein Hindernis oder andere bevorstehende Schwierigkeiten und Probleme.

Gar (ᚷ)

Das Futhorc ist ein Alphabet aus 33 Runen, denen eine immense Kraft zugeschrieben wird und die die drei Säulen der Runenkunde abdecken: Runenschrift, Werfen und Weissagung. Gar, oder ḡ, ist die letzte Rune im erweiterten angelsächsischen Futhorc. Sie symbolisiert den Erfolg im Kampf und bedeutet *„Speer"*, eine Anspielung auf Odins Gungnir, der sein Ziel nie verfehlt. Vom Klang her ähnelt sie Gyfu (Geschenk), aber ein Sieg mit Gar ist eher auf harte Arbeit zurückzuführen als auf den Erhalt eines Geschenks. Aufrecht bedeutet diese Rune eine Belohnung für harte Arbeit oder einen Erfolg. In Opposition kann sie dagegen als Verlust oder Hindernis bei der Erreichung von Zielen interpretiert werden.

Säule 3
Werfen

Jetzt ist es an der Zeit, Ihr Verständnis für Runen und die verschiedenen Runenschriften auf die nächste Stufe zu heben, indem Sie Ihre Zukunft voraussagen. Das Ältere Futhark, Wikinger-Runen aus dem Jüngeren Futhark und Altenglisch aus dem Angelsächsischen Futhorc – jedes dieser Runenalphabete bietet etwas anderes. Bevor Sie mit dem Werfen beginnen, sollten Sie sich überlegen, welches Alphabet am besten zu Ihrem Inneren passt, denn es kann zu einem mächtigen Werkzeug werden, um Ihr Schicksal zu erforschen.

Die Erschließung eines tieferen Verständnisses der Runologie wird Ihnen alles geben, was Sie brauchen, um Informationen durch das Runenwerfen zu interpretieren und zu synthetisieren. Visualisierung, Meditation und Reflexion schaffen ein Umfeld, das der Erforschung höheren Wissens förderlich ist. So können wir uns tief mit der Symbolik und ihrer Bedeutung verbinden und unsere Schicksale aufdecken.

— **6** —

Was Sie über das Runenwerfen wissen müssen

Das Werfen von Runen hat den Menschen seit jeher geholfen, sich im Leben und bei allen wichtigen Entscheidungen zurechtzufinden. Die Runen wurden zu einem Alphabet geformt, das als das Ältere Futhark bekannt ist. Dabei sind Wahrsagerei und Magie die ursprünglichen Verwendungszwecke der Runen, ihre Verwendung als Schriftsystem kommt erst an zweiter Stelle. Wie das Lesen von Tarotkarten ist auch das Werfen von Runen kein Zirkustrick oder eine schwammige Art der Zukunftsvorhersage. Stattdessen liefern die Runen Erkenntnisse zu bestimmten Fragen, die Sie stellen. Sie tun dies, indem sie unserem einflussreichen Unterbewusstsein ein wirksames Mittel an die Hand geben, um das *„Problem"* der gestellten Frage zu lösen. Unser Gehirn ist eine gewaltige Problemlösungsmaschine; Sie brauchen nur den richtigen Schlüssel, um das wahre Potenzial Ihres Geistes zu erschließen. Die Runen wurden ursprünglich von Odin, dem Allvater, aufgezeichnet, als er versuchte, die Geheimnisse des Lebens und des Kosmos zu verstehen. Daher sind sie der perfekte Schlüssel, um das Göttliche in uns allen zu erschließen, und führen Sie zu der Antwort, die Sie suchen, die Ihr höheres Selbst aber bereits kennt.

In diesem Kapitel werden wir über alles sprechen, was mit Runen zu tun hat, von der Geschichte des Runenwerfens bis hin zur Herstellung eigener Runensätze, bevor wir damit enden, wie man Runen wirft.

Geschichte des Runenwerfens

Es liegt in der Natur der Runen, dass ihre früheste Verwendung von Mysterien und Geheimnissen umgeben ist. Das Wort *„Rune"* bedeutet ja auch *„geheime Botschaft"*. Man geht davon aus, dass die in Nordeuropa und Skandinavien gefundenen Felszeichnungen aus der Bronze- und frühen Eisenzeit die früheste Verkörperung der Runenschrift sind. Wie bereits in Kapitel 1 erwähnt, findet sich die erste Erwähnung der Verwendung von Runen für Wahrsagerei und magische Zwecke in *Germania 10* des römischen Historikers Tacitus aus dem 1. Jahrhundert n. Chr. Tacitus beschreibt die klassische Art der Herstellung von Runen (der Zweig eines Nussbaums wird in Streifen geschnitten und dann mit Runen versehen) und deren Werfen.

Wie der produktive Historiker erklärt, wurden die Runen wahllos auf ein weißes Tuch geworfen, so wie man ein Tarot-Deck mischt, bevor man die Karten auslegt. Dann sprach ein Priester oder der Familienvater ein Gebet zu den Göttern, in dem sie den Segen bestimmter Gottheiten anriefen. Danach wurde die Frage gestellt und mit dem Blick zum Himmel wurde die erste von drei Runen gezogen, indem die Hand über den Wurf bewegt wurde. Sobald der Werfer sich zu einer bestimmten Rune hingezogen fühlte, nahm er sie in die Hand und interpretierte sie im Hinblick auf die Bedeutung der Rune und ihre Position zum Werfer (aufrecht, merkstave oder in Opposition liegend). Nachdem die erste Rune ausgewählt und gedeutet wurde, wiederholte der Werfer den Vorgang für die verbleibenden zwei Runen des Wurfs und analysierte sie, bevor er eine vollständige Weissagung für die drei geworfenen Runen und die gestellte Frage gab.

Und so endet Tacitus' historischer Bericht über die Verwendung von Runen zur Weissagung. Interessanterweise stammt dieser Bericht zwar aus dem ersten Jahrhundert, aber erst im vierten Jahrhundert n. Chr. wurde das als das Ältere Futhark bekannte Alphabet in ganz Skandinavien und Nordeuropa allgemein verwendet.

Wie man Runen wirft

Nachdem wir nun mehr über die Geschichte des Runenwerfens wissen, ist es an der Zeit, sich den Runen selbst zuzuwenden. In diesem Abschnitt erfahren Sie, wie und aus welchen Materialien Sie Ihre eigenen Runensets herstellen können. Danach tauchen wir tiefer in die Welt des Runenwerfens ein und erfahren, wie Sie die magischen und göttlichen Energien dieser uralten und zeitlosen Symbole am besten nutzen können, um Ihr tägliches Leben zu verbessern.

Eigenes Runenset herstellen

Das Erste, was Sie nach dem Wissen über das Wirken von Runen brauchen, ist der Runensatz selbst. Sie können ein Runenset kaufen, und es spricht nichts dagegen, dies zu tun. Suchen Sie in Ihrem Browser oder bei Amazon nach *„Runensets"*, und Sie werden eine Fülle von Angeboten für meisterhafte Handwerkskunst erhalten. Wenn Sie darauf achten, die Kundenrezensionen zu lesen, bevor Sie sich für ein Set entscheiden, sind Sie auf dem besten Weg, ein passendes Runenset in kürzester Zeit zu erhalten. Die Frage, ob Sie einen Runensatz aus Holz, Stein, Metall, Glas oder Kristall kaufen sollten, werden wir in diesem Abschnitt ebenfalls behandeln.

Für die handwerklich begabteren Menschen, die sich ihr Runenset lieber selbst herstellen möchten, gehen wir die einzelnen Schritte durch, die Sie dazu benötigen, und erklären Ihnen, was Sie dafür wissen müssen.

1. Wählen Sie Ihre Materialien

Wie wir in Tacitus' Bericht gesehen haben, war das primäre Material, das in der Antike für die Herstellung von Runen verwendet wurde, Holz, vorzugsweise von einem Nussbaum. Aber das ist nicht die einzige Möglichkeit, die es gibt, und es steht Ihnen frei, eine andere Holzart zu wählen, wenn sie mit Ihrer Energie in besserer Resonanz steht. Das ist sogar sehr wichtig. Hier sind die am häufigsten verwendeten Materialien, aus denen Runen hergestellt werden:

Holz

Das bevorzugte Material für die Herstellung von Runen war im Laufe der Geschichte immer Holz. Wie wir bei der Aufschlüsselung der Runenbedeutungen gesehen haben, symbolisieren einige Runen direkt Bäume. Bäume waren ein integraler Bestandteil der nordischen Mythologie, und die Runen erschienen Odin auf der Rinde von Yggdrasil, dem Weltenbaum. Yggdrasil gilt als Esche, weshalb dieses Holz oft für die Herstellung von Runen gewählt wird. Aber jeder Baum, der Nüsse oder Samen (Früchte) trägt, ist gut geeignet. Sie können zum Beispiel Eibe, Birke oder Eiche verwenden. Bevor Sie einen Ast von dem Baum Ihrer Wahl abschneiden, sollten Sie um Erlaubnis bitten, um sicherzustellen, dass die richtige Energie in dem Holz gespeichert ist, das Sie für die Herstellung Ihrer Runen verwenden werden. Bringen Sie dem Baum nach dem Absägen des Astes ein Wasseropfer dar, um die Zeremonie abzuschließen.

Wenn Sie Ihre Runen aus Holz herstellen wollen, aber keinen Zugang zu den richtigen Bäumen haben oder keinen Ast davon absägen wollen, können Sie online Blanko-Runensets aus Holz kaufen. Sobald Sie Ihre Holzscheiben oder -blöcke haben, müssen Sie die Runen entweder aufmalen, einschnitzen oder pyrografieren (in das Holz brennen), aber dazu später mehr.

Kieselsteine oder andere Steine

Wenn Sie in der Nähe eines Strandes, eines Flusses oder eines Berges wohnen, können Sie Ihr Runenset aus Kieselsteinen oder anderen kleinen Steinen, die Sie dort sammeln, herstellen. Es geht nicht nur um die Kraft der Runensymbole, sondern auch um die Energie, die Sie hineinstecken, und es ist immer eine gute Idee, Ihr Runenset mit dem Land zu verbinden, in dem Sie leben. Denken Sie daran, dass Runen in Stein zu gravieren viel schwieriger ist, als Runen in Holz zu schnitzen. Sie können Ihre Steinrunen auch bemalen, aber dann verblassen Sie mit der Zeit, wenn Sie sie nicht richtig pflegen.

Knochen

Ein eher umstrittenes Material für Ihr Runenset ist Knochen. Manche Leute mögen das eher schamanistische Bild, das sich beim Werfen von Knochen ergibt, und da es um die Energie geht, die man in die Herstellung und Verwendung der Runen steckt, ist daran nichts auszusetzen. Versuchen Sie nur sicherzustellen, dass die Knochen von einem Tier stammen, das eines natürlichen Todes gestorben ist, oder, falls es gejagt wurde, ein Gebet und angemessene Opfergaben zu Ehren des Tieres dargebracht wurden, so ähnlich wie es beim Absägen eines Baumzweiges gemacht wird.

Ton

Vom Makabren zum Alltäglichen: Ton ist unser letztes gängiges Material für die Herstellung eines Runensets. Ton lässt sich leicht bearbeiten und die Runen können einfach eingraviert werden. Aber achten Sie darauf, Ihre Ton-Runen richtig zu brennen und zu versiegeln, damit sie so lange wie möglich bruchfrei bleiben.

Unabhängig davon, aus welchem Material Sie Ihren Runensatz herstellen, ist es wichtig, dass Größe und Form einheitlich sind.

Achten Sie außerdem darauf, dass Ihre Runen klein genug sind, um sie in Ihre Hand nehmen zu können. Sobald Sie Ihr Material ausgewählt haben und für jede Rune ein Stück Holz, einen Stein oder eine Tonform haben, ist es an der Zeit, mit der Herstellung eines Runensets zu beginnen.

2. Beginn des Rituals

Zunächst müssen Sie einen heiligen Raum oder einen Ort auswählen, an dem Sie sich am wohlsten fühlen und Platz zum Arbeiten haben. Wenn Sie noch keinen Ort in Ihrem Zuhause für solche Dinge geweiht haben, können Sie den Hammerritus oder das „Hammarsetning" durchführen, um dies zu tun. Dieser Ritus zum Schutz des Raums nutzt die Macht von Mjölnir, dem Hammer von Thor, um einen bestimmten Bereich um Sie herum zu schützen und zu weihen. Thor ist der Beschützer von Asgard und Midgard; mit seinem mächtigen Hammer trennt er Ordnung und Chaos. Um den Hammerritus durchzuführen, müssen Sie sich in Ihrem Arbeitsbereich aufrecht hinstellen und sich vorstellen, dass Sie Mjölnir in der Hand halten. Dann rufen Sie Thors Namen an, während Sie Mjölnir beginnend mit Norden in die vier Himmelsrichtungen halten, um Ihren Raum zu heiligen und zu schützen. Halten Sie dann den Hammer nach oben in den Himmel und schließlich nach unten, um die Schutzsphäre zu vervollständigen. Sobald dies geschehen ist, ist Ihr Raum bereit, mit der Arbeit an Ihren Runen zu beginnen.

Denken Sie über die mystische Geschichte der Runen nach und laden Sie die Götter oder Göttinnen, die über sie herrschen, in Ihren Raum ein, während Sie ihn für die Beschriftung Ihrer Runen weihen. Odin, Freyja und Freyr, Heimdall und Týr; laden Sie diese Gottheiten ein, ihre Energien in die Erschaffung Ihres Runensets einzubringen. Schenken Sie den Göttern symbolisch einen Schluck Wein, Apfelsaft oder Milch ein und bitten Sie sie, Ihre Hand bei dieser Aufgabe zu unterstützen und zu führen. Bitten Sie um den Segen Ihrer Vorfahren und laden Sie alle anderen Wesen (Geister oder übernatürliche Geschöpfe) ein, mit denen Sie sich verbunden fühlen oder die Sie in Ihrer Nähe haben möchten. Wenn Sie bereit sind, nehmen Sie Ihr erstes Holzstück, Ihre erste Tonform oder Ihren ersten Stein in die Hand und rufen Freyja und Freyr an, während Sie die Runen ihres Ætt einritzen, aufmalen oder einbrennen.

Sprechen Sie die Rune laut aus, sobald Sie sie fertig gemalt oder geritzt haben, und erinnern Sie sich dabei an ihre Bedeutung und Interpretationen. Halten Sie die Rune an Ihren Mund, während Sie sie aussprechen, und denken Sie an das, was Sie am meisten mit dieser Rune verbinden. Nehmen wir zum Beispiel Fehu. Visualisieren Sie, was Sie am stärksten mit *„Reichtum"* assoziieren, konzentrieren Sie sich beim Einritzen oder Malen darauf und geben Sie der Rune diese Energie, während Sie sie aussprechen. Sobald Sie die Rune beschriftet haben, legen Sie sie auf ein weißes Tuch oder eine Serviette.

Traditionell werden die Runen auch vollständig zu den eigenen gemacht, indem man das Runensymbol mit seinem Blut nachzeichnet. Dies tränkt die Runen in Ihrer einzigartigen *„Lebensflüssigkeit"*. Dies ist jedoch keineswegs obligatorisch. Wenn Sie Ihre Runen färben, können Sie ein paar Tropfen Blut in rote Farbe mischen oder sich in den Finger stechen und die Linien nachzeichnen. Für die Farbe können Sie rote Acrylfarbe verwenden, aber auch eine Mischung aus rotem Ocker und Leinöl funktioniert genauso gut.

3. Ihr Runenset weihen

Nachdem Ihre Runen getrocknet sind, setzen Sie sich wieder hin und laden die Götter erneut in Ihren Raum ein. Meditieren Sie eine Weile über den Zweck der Runen und ihr mächtiges Potenzial, Ihnen zu helfen, das zu erreichen, was Sie suchen. Konzentrieren Sie sich auf die magische Natur der Runen, denken Sie über die Magie nach, die überall um uns herum existiert und die wir nicht sehen können. Nehmen Sie das göttliche Geschenk dieser Symbole und der Runenkunde an, das es uns ermöglicht, die Geheimnisse des Kosmos zu verstehen. Wenn Sie es noch nicht getan haben, ordnen Sie Ihre Runen in der richtigen Reihenfolge an und teilen sie in die Ættir auf, sodass Sie drei Reihen mit je acht Runen auf Ihrem weißen Tuch haben.

Gehen Sie jede Rune noch einmal durch, zeichnen Sie das Symbol mit den Augen nach und visualisieren Sie das, was Sie am meisten mit ihrer esoterischen Bedeutung verbinden, während Sie ihren Namen aussprechen. Nehmen Sie sich die Zeit, sich intensiv auf jede Rune in Ihrem Set zu konzentrieren, und denken Sie dabei über die Runenreise nach, die wir im vorigen Abschnitt besprochen haben. Wenn Sie fertig sind, danken Sie den Göttern, Göttinnen, Ahnen und geistigen Wesen für ihre Beteiligung an der Erschaffung der Runen. Ihre Runen sind nun versiegelt und bereit für den Gebrauch!

Ihre Runen verwenden

Mit Ihrem frisch gefertigten oder gekauften Runenset können Sie beginnen, diese zeitlosen Zeichen der kosmischen Kräfte zu werfen und zu lesen. Mit anderen Worten, es ist an der Zeit, den Prozess des Runenwerfens kennenzulernen.

Ihren Raum vorbereiten

Um sich optimal auf das Runenwerfen einzustimmen, sollten Sie jedes Mal auf die gleiche Weise und am gleichen Ort beginnen. Dieses Ritual könnte beinhalten, dass Sie Ihre Runen vor sich auf einem weißen Tuch ausbreiten, bevor Sie eine Weile über sie meditieren. Sie können auch Kerzen anzünden oder Kristalle aufstellen, um die richtige Atmosphäre oder Stimmung zu schaffen. Stellen Sie dann sicher, dass Sie nach Norden schauen und machen Sie es sich bequem. Dann laden Sie die Götter ein und bitten sie um ihren Segen und ihre Energie für die kommende Lesung. Wenn Sie sich an einem neuen Ort befinden, führen Sie den Hammerritus durch, um den Raum zu heiligen, bevor Sie Ihre Runen auslegen.

Ihre Frage formulieren

Um die göttlichen Kräfte der Runen zu nutzen, müssen Sie ihnen eine bestimmte Frage stellen. Überlegen Sie sorgfältig, was Sie fragen wollen und wie Sie es am besten formulieren. *„Ja-Nein"*-Fragen eignen sich nicht für das Runenwerfen, formulieren Sie Ihre Frage also allgemeiner und mit offenem Ende. Anstatt *„Werde ich diesen Job bekommen?"* könnten Sie zum Beispiel fragen: *„Wie stehen die Chancen, dass ich diesen Job bekomme?"* Oder noch besser: *„Wie werde ich mich fühlen, wenn ich diese Stelle habe?"* Konzentrieren Sie sich auf Ihre Gefühle, die hinter der Frage stehen, und nutzen Sie diese Energie, um Ihre Lesung zu steuern.

Die Runen werfen

Mit Ihrer Frage im Kopf nehmen Sie Ihre Runen in die Hand und schütteln sie. Halten Sie sie an Ihre Lippen, während Sie Ihre Frage aussprechen, und werfen Sie sie dann auf Ihr Runentuch. Für Anfänger ist es am besten, alle Runen, die mit der Vorderseite nach unten gefallen sind, zu entfernen und beiseitezulegen. Sammeln Sie dann die übrigen Runen ein, wiederholen Sie Ihre Frage und werfen Sie sie erneut. Entfernen Sie alle verdeckten Runen und machen Sie so lange weiter, bis Sie nur noch fünf Runen oder weniger übrig haben. Bei Ihrem letzten Wurf lassen Sie die Runen dann so liegen, wie sie auf Ihr Tuch gefallen sind.

Ihre Bedeutung lesen

Wenn nur noch fünf oder weniger Runen übrig sind, ist es an der Zeit, ihre Bedeutungen zu lesen. Es ist am besten, die Runen und ihre Positionen in einem Tagebuch zu notieren, bevor Sie interpretieren, wie sie auf Ihre Frage antworten. Schreiben Sie die Runen von links nach rechts auf. Notieren Sie auch, ob die Rune aufrecht, merkstave (auf dem Kopf stehend) oder in Opposition (seitwärts) geworfen wurde. Arbeiten Sie dann daran, herauszufinden, was diese speziellen Runen und ihre Position für Sie und Ihre Frage bedeuten. Schlagen Sie in den früheren Kapiteln dieses Buches nach, wenn Sie die Deutung der verschiedenen Runen wiederholen müssen.

Handwerkszeug

Nachdem wir nun wissen, wie wir unsere Runen herstellen, und die Grundlagen des Runenwerfens kennen, ist es an der Zeit, die verschiedenen Werkzeuge der Runologie zu besprechen. Dies sind die Dinge, die Sie sich neben diesem Buch und Ihrem Runenset zulegen sollten, um Ihr Runenwerfen zu verbessern und das Wahrsagen einfacher und effizienter zu machen.

Runenbeutel

Das Erste, was Sie brauchen, um Ihre Runen zu schützen, ist ein Runenbeutel. Das ist ein Beutel oder eine Tasche, in der Sie Ihre Runen aufbewahren, damit sie nicht beschädigt werden oder verloren gehen und damit Sie sie leicht mitnehmen können, wenn Sie Ihre Runen unterwegs verwenden wollen. Falls Sie eine kleine Holzkiste oder einen anderen Behälter zur Aufbewahrung Ihrer Runen bevorzugen, ist das auch in Ordnung. Was auch immer Sie wählen, es sollte etwas sein, das Ihr Runenset ästhetisch repräsentiert und schützt.

Runentuch

Wie bereits in diesem Kapitel erwähnt, werfen wir die Runen auf ein weißes Tuch, das so genannte „Runentuch". Es geht dabei darum, zu verhindern, dass die Runen abgewetzt oder beschädigt werden, und um die Energie der Lesung zu verstärken. Ein Runentuch, auch „*Wurftuch*" oder „*Altartuch*" genannt, kann schlicht oder gemustert sein und so groß oder klein sein, wie Sie es wollen. Stellen Sie aber sicher, dass Sie alle Ihre Runen bequem darauf werfen können. Auch die Form des Tuchs ist nicht vorgeschrieben, wobei rund oder quadratisch die übliche Wahl sind. Sie können Ihr Runentuch selbst herstellen oder online kaufen. Manche Menschen entscheiden sich für ein Tuch, das mit Schutzrunen versehen ist, während andere Ihr Tuch lieber als „*Landkarte*" verwenden, die als weitere Ebene für ihre Lesungen dient. Dies wird für fortgeschrittenere Wurfmethoden verwendet, wie in Kapitel 7 beschrieben.

Die „*Karte*" eines Runentuchs besteht in der Regel aus einem zentralen Kreis, der von einem größeren Kreis umgeben ist, der in vier Abschnitte unterteilt ist. Außerdem verbinden vier Linien den äußeren Kreis mit den vier Ecken des Tuchs. Dieses Muster symbolisiert die neun Welten. Midgard (Erde) befindet sich im mittleren Kreis, Asgard im nordöstlichen Quadranten des äußeren Kreises. Unterhalb von Asgard liegt Svartalfheim (das Reich der Dunkelelfen oder Zwerge) und links davon Hel. Den letzten der vier Kreise bildet Álfheim (das Reich der Lichtelfen). Der äußere Norden gehört zu Muspelheim (dem Reich des Feuers), der Osten zu Vanaheim (dem Reich der Wanen), der Süden zu Niflheim (dem Reich des Eises) und Jötunheim (dem Reich der ersten Riesen). Dies macht die neun Reiche der nordischen Mythologie aus.

Runenkissen

Das sogenannte „Stol" ist ein mit Runen besticktes oder bemaltes Kissen, auf das man sich setzt, wenn man Runen wirft. Das erhöht den Komfort (vor allem beim Werfen im Freien) und ruft die Energien der Rune auf dem Stol an. Das Sitzen auf einem Runenkissen bedeutet auch, dass man etwas höher über dem Runentuch sitzt und so wie ein Gott, der auf eine tiefere Ebene herabblickt, über seine Runen herrschen kann.

Persönliche Gegenstände und Talismane

Diese können Sie verwenden, um Ihren Geist zu fokussieren und die Energie des Runenwerfens zu verstärken. Dazu können Kerzen, Kristalle, Edelsteine oder andere Gegenstände gehören, die Sie in die richtige Stimmung für das Runenlesen bringen. Neben den Talismanen, die Sie zu jedem Werfen mitbringen, sollten Sie auch etwas mitbringen, das mit der Frage zu tun hat, die Sie den Runen stellen werden. Wenn Sie zum Beispiel eine Frage stellen werden, die sich auf jemanden aus Ihrer Familie bezieht, können Sie ein Bild dieser Person oder etwas, das ihr gehört, mitbringen. Wenn Sie ein Runenwerfen für eine andere Person durchführen, dann bitten Sie sie, ihre eigenen Mearmots mitzubringen, die für sie etwas Besonderes sind und mit ihrer gestellten Frage zu tun haben.

Stift und Papier

Die letzten Hilfsmittel, die Sie für Ihre Runensitzungen benötigen, sind ein Stift und ein Buch, in dem Sie Ihre Deutungen festhalten. Es ist zwar nicht unbedingt notwendig, die Ergebnisse aufzuschreiben, aber es ist von Vorteil, da sich beim Aufschreiben neue Interpretationen ergeben können. Wenn Sie ein Runen-Tagebuch führen, können Sie leichter Muster und Trends in Ihren Deutungen erkennen. Es ist nützlich, eine Zusammenfassung der

Runenbedeutungen am Anfang des Runenbuchs zu notieren. Schließlich ist es auch eine gute Idee, Ihre Frage aufzuschreiben, bevor Sie mit dem Werfen beginnen, um sie in Ihrem Gedächtnis zu verankern und Ihnen zu helfen, sich darauf zu konzentrieren.

Mit den Werkzeugen des Runenhandwerks haben wir ein weiteres Kapitel und eine weitere Säule der Runenkunde abgeschlossen! Sie sind nun bereit, die Runen zu benutzen. In diesem Kapitel haben wir eine grundlegende Methode des Werfens behandelt, aber im nächsten Kapitel werden wir einige verschiedene Arten von Runensprüchen und fortgeschrittenere Anordnungen besprechen, wenn wir zur vierten Säule der Runenkunde übergehen: Verteilungen und Legemethoden.

Säule 4
Verteilungen und Legemethoden

D a Sie nun all das Hintergrundwissen haben, das Sie brauchen, um ein professioneller Runenkundiger zu werden, sind Sie bereit, mit der Anwendung der Runen zu beginnen. Die ersten drei Säulen haben uns ein grundlegendes Verständnis der Runologie vermittelt. Jetzt ist es an der Zeit, all dieses Wissen anzuwenden und mit dem Runenwerfen zu beginnen. In dieser vierten Säule der Runologie lernen wir die verschiedenen Verteilungen und Legemethoden kennen, die Sie bei Ihren Lesungen verwenden können. Diese Legesysteme helfen uns, genau zu bestimmen, was diese mächtigen Symbole uns über unsere Frage sagen wollen. Bei der Deutung von Runen betrachten wir die Bedeutung des Runensymbols selbst (je nachdem, ob sie aufrecht, in Opposition oder merkstave liegt) und wie sie mit anderen Runen in der Lesung verbunden ist. Bei diesem zweiten Punkt helfen uns Verteilungen und Legemethoden. Lassen Sie uns mit dem nächsten Teil unserer Reise in die Welt der Runologie beginnen, indem wir die verschiedenen Strukturen kennenlernen, die Sie verwenden können, um die klarste und detaillierteste Antwort aus den Runen zu erhalten.

7

Liste der Verteilungen und Legemethoden

Bei der Verwendung von Runen zur Wahrsagung ist es wichtig, darauf zu achten, welche Runen vorhanden sind und wo sie nach dem Werfen liegen. Die Reihenfolge, in der die Runen fallen, bildet ein Muster, das als *„Verteilung"* bekannt ist. Eine Verteilung hilft dabei zu bestimmen, wie eine Rune in Ihrer Deutung zu interpretieren ist. Zum Beispiel könnte die erste Rune in einer Deutung die Vergangenheit, die zweite ein Hindernis und die dritte die gegenwärtige Situation darstellen. Die Verteilungen reichen von zwei Runen bis hin zu allen 24 Runen des Futharks. Alle Verteilungen und Legemethoden, die wir verwenden, um die gesuchte Antwort zu *„kartieren"*, sind moderne Erfindungen. Das liegt daran, dass wir nur sehr wenig über die Wahrsagerituale der alten Germanen wissen. Daher macht es Spaß, die Verteilung oder Legemethoden, die Sie verwenden, zu Ihren eigenen zu machen. Manche Menschen verwenden jedes Mal dieselbe Verteilung oder Legemethode, wenn sie ihre Runen konsultieren, während andere je nach Umgebung, Umständen oder gesuchter Information gerne variieren.

Es gibt viele verschiedene Möglichkeiten, das Runenwerfen zu strukturieren. Wie bei der Entscheidung, ob Sie das Ältere Futhark, das Jüngere Futhark oder das Angelsächsische Futhorc für Ihr Runenset verwenden, liegt die Wahl, wie Sie Ihre Lesungen strukturieren, bei Ihnen. Im vorigen Kapitel haben wir eine grundlegende Methode für das Werfen und Lesen von Runen beschrieben. In diesem Kapitel werden wir tiefer eintauchen und uns die verschiedenen Arten von Verteilungen und Legemethoden ansehen, die Sie verwenden können, um Ihre Fähigkeit zu verbessern, das zu interpretieren, was diese Symbole des Kosmos Ihnen über Ihre Frage sagen wollen. Je detaillierter oder spezifischer Sie Ihre Antwort wünschen, desto komplexer wird Ihr Legesystem sein. So können mehr Runen in die Deutung einbezogen werden.

In diesem Kapitel werden wir uns mit einer Vielzahl von verschiedenen Verteilungen und Legemethoden beschäftigen. Wir werden uns mit einfachen oder kleineren Verteilungen und Legemethoden beschäftigen, die für allgemeinere Fragen verwendet werden können, und mit solchen, die für präzise, geführte Antworten gedacht sind.

Runen-Verteilungen und -Legemethoden

Was ist der Unterschied zwischen einer Verteilung und einer Legemethode? Einfach ausgedrückt, wurde eine Verteilung speziell für das Runenlegen erstellt. Eine Legemethode hingegen stützt sich auf Tarotkarten-Legungen, die für das Lesen von Runen angepasst wurden. Während einige es vorziehen, es traditionell zu halten und nur Verteilungen für ihr Runenwerfen zu verwenden, fühlen sich andere mehr mit der Struktur einer bestimmten Legemethode verbunden. Die meisten Menschen verwenden die Begriffe Verteilung und Legemethode beim Runenwerfen synonym. Es kommt vielmehr darauf an, eine Verteilung oder Legemethode zu wählen, die am besten zu Ihrer Frage passt.

Einzelrunen-Verteilung

Die Einzelrunen-Verteilung ist die einfachste Art, Runen zu benutzen, da nur eine einzige Rune gezogen werden muss. Sie können diese einzelne Rune aus Ihrem Runenbeutel ziehen oder die Runen auf Ihr Runentuch werfen, bevor Sie eine davon auswählen und zum Himmel schauen. Auf diese Weise erhalten Sie ein eher allgemeines Gefühl für Ihre Frage als eine spezifische Information. Diese Methode ist auch geeignet, um einen schnellen Einblick in die Hauptantriebskraft einer bestimmten Situation zu finden.

Drei-Runen-Verteilung

Eine Drei-Runen-Verteilung, auch bekannt als „Vergangenheit, Gegenwart, Zukunft"-Verteilung, ist eine großartige Möglichkeit, die Auswirkungen oder den Fortschritt von etwas im Laufe der Zeit zu verfolgen.

Sie stellen Ihre Frage und ziehen oder werfen die erste Rune. Diese steht für die Vergangenheit und die mit der Frage verbundenen Einflüsse und Umstände. Legen Sie diese Rune auf die linke Seite und analysieren Sie ihre Bedeutung. Dann stellen Sie Ihre Frage erneut und ziehen die nächste Rune. Diese steht für die Gegenwart und die Faktoren, die sich gegenwärtig auf Ihre Frage auswirken. Legen Sie diese Rune in die Mitte vor sich. Stellen Sie Ihre Frage ein letztes Mal und ziehen Sie die dritte Rune. Sie stellt die Zukunft dar und ist das Ergebnis Ihrer Frage.

Gabel-Legemethode

Ein weiteres Muster der drei Runen ist die Gabel-Legemethode. Wie eine Weggabelung wird diese verwendet, um Einsichten zu gewinnen, wenn man eine wichtige Entscheidung trifft oder eine große Veränderung in seinem Leben erlebt.

Die erste Rune steht für das erste mögliche Ergebnis Ihrer Frage und wird links abgelegt. Sie kann auch eine von zwei Möglichkeiten bedeuten, die Sie wählen müssen. Die zweite Rune wird rechts von der Mitte platziert und steht für die andere mögliche Wahl oder das andere Ergebnis. Die letzte Rune befindet sich südlich der Mitte (am nächsten zu Ihnen) und ist der entscheidende Faktor oder das Ergebnis Ihrer Frage.

Beziehungs-Legemethode

Wenn Sie herausfinden wollen, was bestimmte Menschen für Sie bedeuten, ist diese Art der Legemethode richtig. Es handelt sich dabei um eine dreireihige Legung, die zeigt, welche Rolle Menschen in unserem Leben spielen. Sie kann auch verwendet werden, um festzustellen, welche Rolle bestimmte Menschen im Leben anderer Menschen spielen, zum Beispiel, was der übermäßig freundliche Kollege Ihres Ehepartners für ihn bedeutet. Dieses System kann Ihnen auch helfen, die Entwicklung der Beziehung zwischen Menschen zu bestimmen.

Ziehen Sie die erste Rune und legen Sie sie links von der Mitte auf Ihr Runentuch. Diese Rune ist die Energie, die Sie in diese Beziehung senden. Ziehen Sie die nächste Rune und legen Sie sie daneben. Diese Rune steht für die Energie, die Ihr Partner in die Beziehung sendet. Ziehen Sie schließlich die dritte Rune und legen Sie sie über die beiden vorherigen, um sie zu verbinden. Diese Rune steht für die Gesundheit und den Sinn der Beziehung.

Vier-Richtungs-Verteilung

Die nordische Mythologie erzählt von vier mächtigen Zwergen (Dvärgar), deren Aufgabe es war, den Himmel selbst zu halten. Die Zwerge standen in vier Himmelsrichtungen: *Norðri im Norden, Suðri im Süden, Austri im Osten und Vestri im Westen.*

Die erste Rune einer Vier-Richtungs-Verteilung ist Norðri (Norden). Norðri steht für die Vergangenheit und vergangene Einflüsse und Wünsche, die zu Ihrer gegenwärtigen Situation geführt haben. Die nächste Rune ist Vestri (Westen), die die gegenwärtige Situation symbolisiert. Eine Rune an dieser Stelle gibt Aufschluss über Ihren derzeitigen Weg und die Einflüsse, denen Sie gegenwärtig ausgesetzt sind. Die dritte Rune ist Austri (Osten), die sich mit der verborgenen Zukunft beschäftigt. Sie ist verschleiert, weil eine Rune in dieser Position nur von möglichen zukünftigen Einflüssen oder Hindernissen spricht, auf die man achten sollte. Am Ende schließen wir die Vier-Richtungs-Verteilung mit Suðri (Süden) ab. Eine in Suðri geworfene Rune steht für das mögliche Ergebnis der Lesung. Mit anderen Worten: Was dabei herauskommen könnte, wenn Sie mit den Erkenntnissen aus dieser Weissagung eine neue Zukunft erschaffen.

Denken Sie jedoch daran, dass das Werfen von Runen keine feste Vorhersage der Zukunft ist. Es bietet lediglich Einsichten, die Ihnen helfen und Sie zu dem gewünschten Ergebnis führen können.

Diamanten-Legemethode

Die Diamanten-Legemethode hat die gleiche Form wie die Vier-Richtungs-Verteilung, jedoch mit einer anderen Reihenfolge der Runen und einer anderen Bedeutung für jede Position. Diese Legemethode wird verwendet, um die Kräfte zu erahnen, die in einer bestimmten Situation aktiv und am Werk sind, oder um einen verborgenen Konflikt oder ein Hindernis auf Ihrem Weg zu enthüllen.

Die erste Rune in dieser Anordnung wird südlich der Mitte platziert. Diese Rune symbolisiert die fundamentale Ebene Ihrer Frage und die grundlegenden Einflüsse, die auf sie einwirken. Die nächste Rune liegt links von der Mitte und steht für eine

Kraft, die für oder gegen Ihre Frage wirkt. Die dritte Rune wird rechts von der Mitte platziert und steht für eine weitere Kraft, die für oder gegen den Grund für den Wurf wirkt. Die vierte Rune schließlich wird nördlich der Mitte platziert und steht für das Ergebnis des Wurfs.

Elementar-Legemethode

Eine weitere Vier-Runen-Lesung, die die gleiche Form wie die Vier-Richtungs-Verteilung und die Diamant-Legemethode hat, ist die Elementar-Legemethode. Diese Legemethode stützt sich auf die Kraft der Elemente und die Mächte und Qualitäten, die sie verkörpern. Daher ist diese Legemethode eine ausgezeichnete Option für diejenigen, die es vorziehen, sich bei Ihren Weissagungen auf elementare Kräfte zu stützen, anstatt die Götter anzurufen.

Die erste Rune wird nördlich der Mitte platziert und steht für die Erde. Eine Rune in dieser Position ist die Lektion, die Sie in der physischen Welt lernen müssen. Legen Sie die nächste Rune rechts von der Mitte. Dies ist die Luft-Rune und steht für die Lektionen, die Sie in der Welt in Ihrem Kopf, Ihrem Verstand, lernen müssen. Das nächste Element ist Feuer, dessen Rune südlich der Mitte platziert wird. Dies sind Lektionen, die Sie im Geist lernen müssen. Links von der Mitte liegt schließlich die Rune für das Wasserelement, die für Lektionen steht, die Sie auf emotionaler Ebene lernen müssen.

Fünf-Runen-Kreuz

Die nächste Verteilung, die Sie bei Ihren Lesungen verwenden können, ist das Fünf-Runen-Kreuz. Diese Verteilung ähnelt der oben beschriebenen Vier-Richtungs-Verteilung, mit einer zusätzlichen Rune in der Mitte. Während das Muster ähnlich sein mag, ist die Bedeutung jeder Position jedoch sehr unterschiedlich.

Legen Sie die erste Rune an den unteren Rand des Kreuzes am nächsten zu Ihnen. Diese Rune steht für die grundlegenden Dinge, die Ihre Frage beeinflussen. Die nächste Rune wird links von der Mitte platziert und steht für alle Hindernisse, die bei der Beantwortung Ihrer Frage überwunden werden müssen. Die dritte Rune befindet sich am oberen Ende des Kreuzes und steht für Faktoren, die sich als vorteilhaft für die Beantwortung Ihrer Frage oder die Lösung Ihres Problems erweisen können. Auf der rechten Seite des Kreuzes befindet sich die vierte Rune, die einen möglichen Ausgang Ihrer Frage anzeigt. Die fünfte Rune schließlich befindet sich in der Mitte und symbolisiert Elemente, die das Ergebnis in der Zukunft beeinflussen können.

Medizinrad-Legemethode

Wenn Sie eine Lösung für ein Problem suchen, aber nicht wissen, wie Sie vorgehen sollen, dann ist das Medizinrad die richtige Legemethode. Es handelt sich um einen Fünf-Runen-Wurf mit demselben Muster wie das Fünf-Runen-Kreuz. Die Bedeutung der einzelnen Positionen ist jedoch ganz anders.

Beginnen Sie damit, die erste Rune links von der Mitte zu platzieren. Sie steht für vergangene Einflüsse oder den Ursprung des Problems. Legen Sie die nächste Rune rechts von der Mitte. Diese Position deckt alle Einflüsse ab, die sich gegenwärtig auf Ihr Problem auswirken. Die dritte Rune liegt südlich der Mitte und zeigt an, wie sich die Energie des Problems und seiner Lösung verändert oder verändern wird. Danach legen Sie die nächste Rune nördlich der Mitte und symbolisieren damit das Problem oder die Herausforderung selbst. Zum Schluss ziehen Sie die fünfte Rune und legen sie in die Mitte, um das Muster zu vervollständigen. Diese Rune steht für das, was Sie tun sollten, oder für die Kraft, die Sie anrufen müssen, um das Problem zu lösen.

Odins Verteilung

Ein weiterer Fünf-Runen-Wurf, Odins Verteilung, ist eine fortgeschrittenere Form der Drei-Runen-Verteilung, die wir zuvor betrachtet haben. Wie seine einfachere Form wird Odins Verteilung verwendet, um Erkenntnisse über die Vergangenheit, Gegenwart und Zukunft eines bestimmten Themas zu gewinnen.

Ziehen Sie Ihre erste Rune und legen Sie sie ganz links auf Ihr Runentuch. Diese Position steht für die ferne Vergangenheit. Die zweite Rune kommt daneben, immer noch links von der Mitte, und steht für die jüngste Vergangenheit. Die dritte Rune legen Sie nördlich der Mitte ab. Dies ist die Gegenwart. Die letzten beiden Runen werden auf der rechten Seite platziert, wobei die nahe Zukunft näher zur Mitte und die ferne Zukunft daneben weiter rechts liegt.

Neuner-Gitter

Im Neuner-Gitter gibt es drei Spalten mit jeweils drei Runen. Die Nummerierung ist jedoch nicht so, wie Sie es erwarten würden. Bei dieser Verteilung werfen Sie die Runen, stellen Ihre Frage und nehmen dann neun Runen auf, die Sie alle auswählen, bevor Sie sie deuten. Die Runen sind in der folgenden Reihenfolge angeordnet:

$$4\ 9\ 2$$
$$3\ 5\ 7$$
$$8\ 1\ 6$$

Wenn Sie die Runen nach diesem Schema lesen, beginnen Sie mit der untersten Zeile. Diese Linie zeigt Einflüsse aus der Vergangenheit auf, die sich auf das Thema Ihrer Frage auswirken. Beginnen Sie mit der achten Rune, die verborgene Einflüsse der Vergangenheit auf Ihre Frage darstellt. Es folgt Rune eins, die die grundlegenden Einflüsse aus der Vergangenheit darstellt. Die letzte Rune der ersten Reihe ist Rune sechs. Hier geht es darum, wie Sie als Runenwerfer über diese Einflüsse aus der Vergangenheit denken.

Als Nächstes folgt die mittlere Reihe, in der es um Kräfte geht, die auf Ihre Frage wirken. Die erste Rune in der mittleren Reihe ist die dritte, die Sie aufgenommen haben. Wie die achte Rune in der Spalte unter ihr stellt diese Rune verborgene Einflüsse dar, aber diesmal solche, die in der Gegenwart auf Ihre Frage wirken. Danach, in der Mitte des Musters, kommt die fünfte Rune, die die gegenwärtige Situation darstellt. Die letzte in der mittleren Reihe ist die siebte Rune. Sie steht für Ihre Einstellung zum aktuellen Stand der Dinge in Bezug auf Ihre Frage.

Die oberste Reihe umfasst das Ergebnis der von Ihnen gestellten Frage. Sie beginnt mit der vierten gezogenen Rune, die wieder für verborgene Einflüsse steht, dieses Mal aber für Hindernisse oder mögliche Beeinträchtigungen des positiven Ausgangs der Frage. Als Nächstes folgt die neunte Rune, die sich mit dem besten Ergebnis für den Gegenstand Ihrer Frage befasst. Die letzte Rune der Reihe ist die Rune, die Sie als Zweites gezogen haben, und sie steht für Ihre Einstellung oder Reaktion auf das Ergebnis des Wurfes. Interessant an der Anordnung des Neuner-Gitters ist, dass jede Zeile, Spalte oder diagonale Linie die Summe von 15 ergibt.

Keltisches-Kreuz-Legemethode

Das keltische Kreuz ist ein fortgeschrittenes Muster für Ihre Lesungen. Bei einer Tarot-Lesung wird die erste Karte bei dieser Legemethode ausgewählt, um den Fragesteller zu repräsentieren. Für das Runenwerfen können Sie eine Rune auswählen, die für Sie oder die Person, die die Frage stellt, eine Bedeutung hat (wenn Sie eine Lesung für jemand anderen durchführen). Sie können diese Rune auch zufällig aus Ihrem Runenbeutel ziehen. In jedem Fall repräsentiert diese Rune die Energie des Wurfes. Zeichnen

Sie das Symbol auf ein Stück Papier, um es sich zu merken, und legen Sie die Rune dann zurück in Ihren Beutel, damit sie in Ihrer Lesung erscheinen kann. Konzentrieren Sie sich auf diese Rune und darauf, wie sie mit der Klarheit oder den Informationen zusammenhängt, die Sie suchen, während Sie durch diese 10-Runen-Lesung gehen.

Nachdem Sie Ihre Leitrune ausgewählt und zum Mittelpunkt der Lesung gemacht haben, können Sie beginnen. Werfen Sie die Runen oder ziehen Sie eine nach der anderen aus Ihrem Beutel. Legen Sie die erste Rune in die Mitte. Diese Rune symbolisiert die aktuelle Situation in Bezug auf Ihre Frage. Ziehen Sie die zweite und legen Sie sie auf die erste Rune (wenn möglich). Diese Rune steht für die Kräfte, die sich der Frage widersetzen oder ein Hindernis darstellen könnten. Legen Sie die dritte Rune nach Süden, zwischen Sie und die erste und zweite Rune im Muster. Die dritte Rune zeigt die verborgenen oder zugrunde liegenden Faktoren, die das Thema Ihrer Frage beeinflussen. Die vierte Rune wird links von der ersten und zweiten Rune platziert und befasst sich mit Einflüssen aus der Vergangenheit oder solchen, die gerade enden. Die fünfte befindet sich im Norden, oberhalb von eins und zwei. Sie zeigt alles an, was die Antwort, die Sie suchen, in der Zukunft beeinflussen könnte, insbesondere mittel- bis langfristig. Die sechste Rune des Musters liegt rechts von den ersten beiden und zeigt Einflüsse an, die in Kürze eintreten werden.

Die folgenden vier Runen werden in einer Spalte links neben der sechsten Rune platziert, beginnend mit der Sieben am unteren Ende und endend mit der Zehn am oberen Ende. Die siebte Rune steht für Ihre Ängste oder Befürchtungen in Bezug auf die Frage, während die achte für die Einflüsse von Freunden und Familie steht. Die neunte Rune drückt Ihre Hoffnungen und Überzeugungen aus, während die zehnte das Ergebnis Ihrer Frage darstellt.

Himmlische Legemethode

Die Himmlische Legemethode repräsentiert ein Jahr, beginnend mit dem Monat, in dem Sie sich gerade befinden. Dies ist eine großartige Legemethode, wenn Sie ein Gefühl für die einzelnen Monate in Ihrer Frage haben wollen oder einen Überblick über das kommende Jahr suchen. Die Himmlische Legemethode besteht aus 13 Runen, wobei die 13. den Haupteinfluss des Jahres als Ganzes und nicht eines bestimmten Monats darstellt.

Die erste Rune steht für den Monat, in dem Sie sich befinden, wenn Sie Ihre Frage stellen. Legen Sie diese Rune rechts von der Mitte und schreiben Sie ihre Bedeutung und Ihre Interpretation auf. Dann ziehen Sie die nächste Rune und legen Sie südlich der Mitte ab. Die dritte Rune kommt auf die linke Seite und die vierte auf die nördliche Seite der Mitte. Die fünfte Rune wird rechts neben die erste gelegt, und das Muster setzt sich so fort, bis die Rune 12 nördlich der Mitte liegt. Wie bereits erwähnt, steht die 13. Rune für den Haupteinfluss des Jahres. Diese Rune wird in der Mitte platziert und vervollständigt das Muster.

Säule 5
Lesen

Nachdem Sie Ihre Frage gestellt, die Runen geworfen und in einem Legesystem Ihrer Wahl platziert haben, bleibt nur noch eines zu tun – das Lesen bzw. die Deutung. Willkommen, göttlicher Runenwerfer, bei der letzten Säule der Runologie! Das Lesen von Runen ist keine Wissenschaft, sondern eine Kunst. Die Antwort auf Ihre Frage wird nicht in einer formelhaften oder präzisen Weise kommen, die Ihr Problem automatisch löst. Sie wird jedoch Erkenntnisse liefern, die Ihnen helfen, Ihre Gedanken zu lenken und die Dinge aus einer anderen (göttlichen) Perspektive zu betrachten. Das Lesen von Runen ist die Krönung all dessen, was wir bisher in diesem Buch behandelt haben, und der Grund, warum Sie sich überhaupt auf diese magische Reise begeben haben, um ein Runenkundiger zu werden. Schauen wir uns an, wie man die Runen einsetzen kann, um sich selbst in eine bessere Zukunft zu führen.

8

Runen deuten

Während das Werfen von Runen recht einfach ist, kann die Deutung der Runen eher knifflig sein. Das liegt daran, dass die Runen keine direkte Antwort geben, sondern Einsichten vermitteln, die uns helfen, über unsere Probleme nachzudenken. Auf diese Weise leiten uns die Runen, indem sie eine Lösung andeuten, die von den unsichtbaren Kräften des Universums bereitgestellt und vom Werfer interpretiert wird. Ihre Intuition und Ihr Bauchgefühl spielen beim Lesen der Runen eine wichtige Rolle. Wie wir in früheren Kapiteln gesehen haben, hat jede Rune eine Vielzahl von Bedeutungen und es gibt verschiedene Möglichkeiten, sie zu deuten. Ihre Interpretation jeder Rune muss ihre inhärente Bedeutung, den Kontext Ihrer Frage, die Begleitumstände und die anderen Runen in der Legung berücksichtigen. Wenn Sie eine Verteilung oder eine Legemethode verwenden, muss auch die Position der Rune im Muster berücksichtigt werden.

In diesem Kapitel gehen wir auf einige abschließende Tipps ein, die Sie bei der Deutung der Runen Ihres Wurfes verwenden können. Wir gehen noch einmal darauf ein, wie Sie Ihre Runen werfen und deuten, und geben Ihnen abschließend eine Zusammenfassung der Runen und ihrer Bedeutungen. Lassen Sie uns diesen letzten Teil Ihrer Runenreise in Angriff nehmen!

Runen werfen und deuten

Konzentrieren Sie sich beim Lesen der Runen darauf, wie sie mit Ihrem Leben und der Frage, die Sie stellen, zusammenhängen. Konzentrieren Sie sich nicht nur auf die Rune selbst, sondern überlegen Sie immer, wie sich die mächtigen Prinzipien und Kräfte des Kosmos in Ihrer Lebenserfahrung darstellen. Zum Beispiel könnte Fehu merkstave Verluste durch Glücksspiel bedeuten oder es könnte als Verlust des geistigen Reichtums oder des Selbstwertgefühls interpretiert werden.

Dieser Abschnitt fasst die Runensymbole, Klänge und Bedeutungen zusammen, die wir in „Säule 2: Runenskripte" betrachtet haben. Verwenden Sie diese Zusammenfassung beim Lesen der Runen, damit Sie sie schnell und effizient interpretieren können. So können Sie sicherstellen, dass Sie während einer Lesung nicht den Fluss des Moments verlieren. Je öfter Sie Runen werfen und deuten, desto vertrauter werden Sie mit ihnen. Anfangs wird es viel Zeit in Anspruch nehmen, die Bedeutungen der Runen zu überprüfen. Es braucht auch Zeit, um zu überlegen, wie die Bedeutung zu Ihrer Frage passt und an welcher Stelle sie im Muster liegt.

Diese Zusammenfassung konzentriert sich auf die 24 Runen, die im Älteren Futhark zu finden sind. Das liegt daran, dass dies die Runen sind, die normalerweise zum Werfen von Runen verwendet werden. Wir werden jedoch auch das Jüngere Futhark und die angelsächsischen Entsprechungen zu diesen Runen durchgehen. Denken Sie daran, dass die Bedeutungen dieser mächtigen Symbole für kosmische Kräfte und universelle Prinzipien nicht in Stein gemeißelt sind. Sie sollten immer vor dem Hintergrund der eigenen Lebenserfahrung betrachtet werden. Die folgende Zusammenfassung dient lediglich als Leitfaden, der Ihnen helfen soll, zu verstehen, was die Runen Ihnen in dieser Lesung sagen wollen.

Freyr/Freyjas Ætt

Fehu	
Rune	ᚠ
Bedeutung	Reichtum (Vieh)
Symbolisiert	Besitztümer und Werte
Klang	/f/; /v/
Jüngeres Futhark	Fé (ᚠ)
Angelsächsisches Futhorc	Feoh (ᚠ)
Aufrecht	Hoffnung, Reichtum und Erfolg
Merkstave	Verlust von etwas, das Sie schätzen

Ūruz	
Rune	ᚢ
Bedeutung	Auerochse (Ur)
Symbolisiert	Körperliche Stärke und ungezähmtes Potenzial
Klang	/u/
Jüngeres Futhark	Úr (ᚢ) „Regen"
Angelsächsisches Futhorc	Ur (ᚢ)
Aufrecht	Gestaltung der Macht; positive Veränderungen
Merkstave	Fehlgeleitete Bemühungen oder ignorante Handlungen

Thurisaz	
Rune	Þ
Bedeutung	Riese
Symbolisiert	Verbindung und Widerstand; rohe Kraft
Klang	/þ/ (/th/)
Jüngeres Futhark	Þhurs (þ)
Angelsächsisches Futhorc	Þorn (Þ) „Dorn"
Aufrecht	Reaktive oder gerichtete Kraft; Vitalität und instinktbasierte Willenskraft
Merkstave	Gefahr, Verrat, Bosheit

Ansuz	
Rune	ᚠ
Bedeutung	Gott (Odin)
Symbolisiert	Einsicht und Kommunikation mit Ihrem höheren Selbst
Klang	/a/
Jüngeres Futhark	Óss (ᛇ)
Angelsächsisches Futhorc	Ōs (ᚩ) „Gott"; Āc (ᚪ) „Eiche"; Æsc (ᚫ) „Esche"
Aufrecht	Einsicht, Inspiration, Weisheit, Harmonie
Merkstave	Missverständnisse, Manipulation, Täuschung

Raidho	
Rune	ᚱ
Bedeutung	Reiten
Symbolisiert	Reisen, Bewegung, die Reise des Lebens
Klang	/r/
Jüngeres Futhark	Reið (ᚱ)
Angelsächsisches Futhorc	Rād (ᚱ)
Aufrecht	Persönliche Entwicklung; ein Zeichen, dass Sie auf dem richtigen Weg sind
Merkstave	Unterbrechung oder Abtrennung; Vorzeichen des Todes

Kaunan	
Rune	ᚲ
Bedeutung	Geschwür
Symbolisiert	Weisheit oder Erleuchtung
Klang	/k/
Jüngeres Futhark	Kaun (ᚴ)
Angelsächsisches Futhorc	Cēn/Kenaz (ᚳ) „Fackel"
Aufrecht	Offenbarung, positive Transformation, wiederbelebte Energie
Merkstave	Krankheit, Stagnation, Leiden; Arroganz, Ignoranz, Elitedenken

Gebo	
Rune	X
Bedeutung	Geschenk
Symbolisiert	Das Gleichgewicht zwischen Geben und Nehmen
Klang	/g/
Jüngeres Futhark	
Angelsächsisches Futhorc	Gyfu (X)
Aufrecht	Belohnungen für erbrachte Opfer, Klarheit der Vision, göttlicher Segen
In Opposition	Einsamkeit, Gier, übermäßige Abhängigkeit; übermäßige Selbstaufopferung, Bestechung

Wunjo	
Rune	ᚹ
Bedeutung	Freude oder Glückseligkeit
Symbolisiert	Hoffnung, Harmonie, Liebe, Zusammengehörigkeit
Klang	/w/; /v/
Jüngeres Futhark	
Angelsächsisches Futhorc	Wynn (ᚹ)
Aufrecht	Trost, Zufriedenheit, Gemeinschaft; Ruhm und geistliche Belohnung
Merkstave	Entfremdung oder Besessenheit; Raserei oder Berserkerwut

Heimdalls Ætt

Hagalaz	
Rune	ᚺ
Bedeutung	Hagel
Symbolisiert	Plötzlicher Wandel; schöpferische und zerstörerische Kräfte
Klang	/h/
Jüngeres Futhark	Hagall (✳)
Angelsächsisches Futhorc	Hægl (ᚻ)
Aufrecht	Resilienz, Temperament, innere Stärke und Willenskraft; Wachstum und Gleichgewicht
In Opposition	Ohnmacht, Leiden, drohendes Unheil

Naudiz	
Rune	ᚾ
Bedeutung	Notwendigkeit oder Zwang
Symbolisiert	Notwendigkeit und Schwierigkeit; Einschränkungen, die erforderlich sind, um innere Stärke aufzubauen
Klang	/n/
Jüngeres Futhark	Nauðr (ᚾ)
Angelsächsisches Futhorc	Nȳd (ᚾ)
Aufrecht	Ausdauer, Entschlossenheit, Zurückhaltung, Geduld; sich mit dem Orlog arrangieren

Merkstave	Einschränkung oder Verlust der Freiheit; Mangel oder unbefriedigte emotionale Bedürfnisse

Isaz	
Rune	I
Bedeutung	Eis
Symbolisiert	Selbstbeherrschung; Stille und Stärke des Geistes
Klang	/i/
Jüngeres Futhark	Íss (I)
Angelsächsisches Futhorc	Īs (I)
Aufrecht	Bewältigung von Herausforderungen; Entwicklung von Selbsterkenntnis und Klarheit
In Opposition	Egozentrik, Kontrollverlust, übermäßiger Genuss von Sinnesfreuden; Verrat oder Betrug

Jēran	
Rune	ᛋ
Bedeutung	Jahr oder Ernte
Symbolisiert	Belohnung für harte Arbeit und positive Handlungen
Klang	/j/
Jüngeres Futhark	Ár (ᛏ)

Angelsächsisches Futhorc	Gēr (ᛡ)
Aufrecht	Positive Ergebnisse für frühere Bemühungen, Frieden, Wohlstand, Erfolg und Glück
In Opposition	Schlechtes Timing oder ein unerwarteter Rückschlag; Umkehrung von Glück und Schicksal

Eihwaz	
Rune	ᛇ
Bedeutung	Eibe; Yggdrasil
Symbolisiert	Leben, Tod und Erneuerung
Klang	/y/
Jüngeres Futhark	
Angelsächsisches Futhorc	Ēoh (ᛇ)
Aufrecht	Erleuchtung, Schutz; auf dem richtigen Weg sein, um Ziele zu erreichen
Merkstave	Ablenkung oder Unzufriedenheit; Schwäche oder Verwirrung

Perthro	
Rune	ᛈ
Bedeutung	Losbecher
Symbolisiert	Orlog, das Schicksal und das Spiel des Lebens

Klang	/p/
Jüngeres Futhark	
Angelsächsisches Futhorc	Peorð (ᛈ)
Aufrecht	Viel Glück und Erfolg; sein eigenes Schicksal bestimmen
Merkstave	Stagnation oder Unglücklichsein; Umstände, die Sie nicht kontrollieren können

Algiz	
Rune	ᛉ
Bedeutung	Elch oder Schutz
Symbolisiert	Spirituelle Verbindung mit dem Göttlichen
Klang	/z/
Jüngeres Futhark	Yr (ᛦ) „Eibe"
Angelsächsisches Futhorc	Eolh (ᛉ)
Aufrecht	Göttlicher Schutz, spirituelles Erwachen, Verbindung mit Ihrem höheren Selbst
Merkstave	Schwächung Ihrer göttlichen Verbindung oder Abstoßung; drohende Gefahr, wenn sich die Dinge nicht ändern

Sowilō	
Rune	ᛋ
Bedeutung	Sonne
Symbolisiert	Erfolg, Leistung, Ehre

Klang	/s/
Jüngeres Futhark	Sól (ᛋ)
Angelsächsisches Futhorc	Sigel (ᛋ)
Aufrecht	Orientierung und Hoffnung, positive Veränderung und Sieg
Merkstave	Abkopplung, falscher Erfolg, schlechte Ratschläge; Ziele und Sinn aus den Augen verlieren

Týrs Ætt

Tiwaz	
Rune	↑
Bedeutung	Týr
Symbolisiert	Ehre, Gerechtigkeit, Führung
Klang	/t/
Jüngeres Futhark	Týr (↑)
Angelsächsisches Futhorc	Tīr (↑)
Aufrecht	Gerechtigkeit, Sieg, Akzeptanz der für den Erfolg erforderlichen Selbstaufopferung
Merkstave	Übermäßiges Analysieren, Ungerechtigkeit, Versagen; Verringerung von Sinnhaftigkeit und Leidenschaft

Berkanen	
Rune	ᛒ

Bedeutung	Birke
Symbolisiert	Fruchtbarkeit, Kreislauf von Leben und Tod, neues Wachstum, Wiedergeburt
Klang	/b/
Jüngeres Futhark	Björk (ᛒ)
Angelsächsisches Futhorc	Beorc (ᛒ)
Aufrecht	Erneuerung, positive Veränderung, der Beginn von etwas Neuem
In Opposition	Angst, häusliche Probleme, verschwommene Sicht; Kräfte, die sich gegen Sie verschwören

Ehwaz	
Rune	ᛗ
Bedeutung	Pferd
Symbolisiert	Bewegung und Fortschritt
Klang	/e/
Jüngeres Futhark	
Angelsächsisches Futhorc	Eh (ᛗ)
Aufrecht	Harmonie, ständiger Fortschritt, Loyalität
Merkstave	Disharmonie, Unentschlossenheit, Verrat

Mannaz	
Rune	ᛗ
Bedeutung	Mensch oder Menschheit

Symbolisiert	Intelligenz, Planung, erhöhtes Bewusstsein
Klang	/m/
Jüngeres Futhark	Maðr (ᛘ)
Angelsächsisches Futhorc	Mann (ᛗ)
Aufrecht	Selbstverwirklichung, göttlicher Einfluss, Kreativität
Merkstave	Sterblichkeit, zerstörerische Emotionen, Unzulänglichkeiten der Menschheit

Laguz	
Rune	ᛚ
Bedeutung	See oder Wasser
Symbolisiert	Lebensenergie, kollektives Gedächtnis, Läuterung
Klang	/l/
Jüngeres Futhark	Lögr (ᛚ)
Angelsächsisches Futhorc	Lagu (ᛚ)
Aufrecht	Vorstellungskraft, Träume, Ausgeglichenheit, Wachstum; auf dem Weg zur Verwirklichung Ihrer Ziele
Merkstave	Tumult, Verwirrung, schlechtes Urteilsvermögen; in einer Abwärtsspirale gefangen

Inguz	
Rune	◇
Bedeutung	Ing (Frey)

Symbolisiert	Männliche Fruchtbarkeit, inneres Wachstum, Schöpfung
Klang	/ŋ/
Jüngeres Futhark	
Angelsächsisches Futhorc	Ing (ᛝ)
Aufrecht	Selbstverbesserung, Reifung, Wachstum
In Opposition	Unreife, Leichtfertigkeit, Anstrengung ohne Gewinn

Dagaz	
Rune	ᛗ
Bedeutung	Tag
Symbolisiert	Erwachen oder Erleuchtung
Klang	/d/
Jüngeres Futhark	
Angelsächsisches Futhorc	Dæg (ᛗ)
Aufrecht	Hoffnung, Glück, Gewissheit; erhöhtes Bewusstsein und Positivität
In Opposition	Mangelnde Vision oder Hoffnungslosigkeit

Othala	
Rune	ᛟ
Bedeutung	Erbe oder Erbschaft
Symbolisiert	Heimat, Verbindung mit den Vorfahren, spirituelle Wurzeln
Klang	/o/

Jüngeres Futhark	
Angelsächsisches Futhorc	Ēðel (ᛟ)
Aufrecht	Wohlstand, Freiheit, Sicherheit, geistige Hilfe
Merkstave	Verlust des Kontakts zur Herkunft, Armut, Misshandlung

Schlussfolgerung

Willkommen, mein frischgebackener Runenkundiger, am Ende dieses Buches! Wir haben auf unserem Weg durch die fünf Säulen der Runologie gemeinsam eine ganz schöne Lernreise unternommen. Indem Sie das Wissen, die Techniken und die Strategien in diesem Buch aufgesogen haben, sind Sie auf Ihrem Weg zur Erleuchtung mehr als nur ein paar Schritte vorangekommen. Das ist der wahre Sinn der Runenkunde; wir entdecken mehr über uns selbst, wenn wir etwas über diese mächtigen Symbole kosmischer Kräfte und universeller Prinzipien lernen.

Egal, ob Sie das Ältere Futhark, das Jüngere Futhark oder das Angelsächsische Futhorc für Ihre Würfe nutzen und ob Sie eine Verteilung oder eine Legemethode verwenden, das Ergebnis ist immer dasselbe. Sie erhalten Einblicke in die verborgenen Abläufe der Welt und Hinweise, wie Sie mit Problemen oder Hindernissen umgehen können, die auf Ihrer Lebensreise auftreten.

Das Lesen von Runen erfordert mehr Gefühl als Denken. Es geht um die Energie, die Sie zu Ihrer Sitzung mitbringen, die göttlichen Kräfte, die Sie anrufen, und die Emotionen und Intuitionen, die Sie fühlen, wenn Sie die Runen deuten. Es ist keine Wissenschaft, aber es bietet oft Einsichten, die kein wissenschaftlicher Prozess liefern könnte.

Da es um Gefühle geht, sollten Sie das Runenwerfen zu Ihrem eigenen machen. Schaffen Sie sich Ihren eigenen rituellen Raum für das Werfen von Runen und verwenden Sie das Hammarsetning, um den Raum zu heiligen. Wählen Sie ein Material für Ihre Runen, das am stärksten mit Ihrer Psyche in Resonanz steht, und gestalten Sie Ihr Runentuch, Ihren Runenbeutel und Ihr Stol so, dass sie am besten ausdrücken, was diese alten magischen Symbole für Sie bedeuten. Wählen Sie schließlich Mearmots (persönliche Talismane), die Sie in den richtigen Geistes- und Gefühlszustand versetzen, um die Runen zu lesen und zu deuten, und verwenden Sie eine Verteilung oder Legemethode, die die Antwort, die Sie suchen, am besten vermitteln kann.

So einfach ist das! Sie sind bereit, die Runen zu nutzen, um Ihr Leben und das der Menschen um Sie herum zu verbessern. Nehmen Sie Kontakt mit Ihrem inneren Wikinger auf und rufen Sie die Weisheit der Runen an, um Ihre Lebensgeschichte zu verbessern. Die Welt ist voll von Geheimnissen und Wundern. Lernen Sie, diese Zeichen zu lesen und die Weisheit des Göttlichen durch die Kraft der Runen anzuzapfen.

Quellenangabe

Alexas_Fotos. (2016). European Yew Needles English [Online Image]. In *Pixabay*. https://pixabay.com/photos/european-yew-needles-yew-1783077/

Alex-V. (2015). Runes Divination Occultism [Online Image]. In *Pixabay*. https://pixabay.com/photos/runes-divination-occultism-signs-928569/

A Little Sparkle of Joy. (2022). *The 24 Runes Meanings and How to Access Their Magic*. www.alittlesparkofjoy.com. https://www.alittlesparkofjoy.com/runes/

Bellows, H. A. (2007). *The poetic Edda : the heroic poems*. Dover Publications.

Beltane, C. (2021a). *Anglo-Saxon and Frisian Rune*. Witches of the Craft®. https://witchesofthecraft.com/tag/anglo-saxon-and-frisian-rune/

Beltane, C. (2021b). *Norse Runes: Viking Runes, Norse Symbols & Much More to Know!* Witches of the Craft®. https://witchesofthecraft.com/2021/11/03/norse-runes-viking-runes-norse-symbols-much-more-to-know/

Caro, T. (2020). *What Does the Othala Rune Mean? [Upright, Reversed & Uses]*. Magickalspot.com. https://magickalspot.com/othala-rune/

Casthavian. (2021). Tree Ansuz Runes [Online Image]. In *Pixabay*. https://pixabay.com/photos/tree-ansuz-runes-norse-futhark-5975338/

Connolly, L. (2021). *The Younger Futhark*. The Spells8 Forum. https://forum.spells8.com/t/the-younger-futhark/10365

Davoti, B. (2018). Photograph of a Brown Wooden Sailboat [Online Image]. In *Pexels*. https://www.pexels.com/photo/photograph-of-a-brown-wooden-sailboat-8876098/

Davoti, B. (2019). Close-up of a Detailed Carving on a Wooden Ship [Online Image]. In *Pexwels*. https://www.pexels.com/photo/close-up-of-a-detailed-carving-on-a-wooden-viking-ship-8963121/

Dombrovska, D. (2021). Wooden Runes and Stones Scattered on Wool Pail [Online Image]. In *Pexels*. https://www.pexels.com/photo/wooden-runes-and-stones-scattered-on-wool-plaid-6739035/

Forefathers Art. (2019a). *Anglo-Saxon Runes - Futhorc of the Anglo-Saxons*. Forefathers-Art.com. https://forefathers-art.com/anglo-saxon-runes-futhorc-of-the-anglo-saxons

Forefathers Art. (2019b). *Younger Futhark - The Meanings of the Runes*. Forefathers-Art.com. https://forefathers-art.com/younger-futhark-the-meanings-of-the-runes

GerDukes. (2019). Runes Divination Rune [Online Image]. In *Pixabay*. https://pixabay.com/photos/runes-divination-rune-magic-4267427/

Grapp, H. (2021). A Girl Standing Beside the Horse [Online Image]. In *Pexels*. https://www.pexels.com/photo/a-girl-standing-beside-the-horse-9580874/

Gronitz, D. (2010). *Younger Futhork – Rune Meanings*. www.therunesite.com. http://www.therunesite.com/younger-futhork-rune-meanings/#:~:text=The%20Younger%20Futhork%20consists%20of%2016%20runes%20and

Guido. (2022). *Tyr's Ætt*. Mind Unfolded. https://sites.google.com/site/mindunfolded/chapter-6/tyr-s-aett-1

Hancock, S. (2021). Runic Letters on Wood Chunks and Ground With Autumn Leaves [Online Image]. In *Pexels*. https://www.pexels.com/photo/runic-letters-on-wood-chunks-and-ground-with-autumn-leaves-101104With%2045/

Harris, J. (2022). *Runemarks: Using Runes | Joanne Harris*. Joanneharris.co.uk. http://www.joanne-harris.co.uk/books/runemarks/runemarks-using-runes/

Hill, B. (2019). *Futhark: Mysterious Ancient Runic Alphabet of Northern Europe*. Ancient Origins Reconstructing the Story of Humanity's Past. https://www.ancient-origins.net/artifacts-ancient-writings/futhark-mysterious-ancient-runic-alphabet-northern-europe-003250

Hubbard, E., Tuit, L. & Lewis, D. (2022). *Introduction to Runes*. Witchschool.com. https://witchschool.com/lesson_detail/539?page=1

Khan, M. (2019a). *Calc the Cup: Northumbrian Runes*. Heathen at Heart. https://www.patheos.com/blogs/heathenat-heart/2019/06/calc-the-cup/

Khan, M. (2019b). *Cweorth: Northumbrian Runes*. Heathen at Heart. https://www.patheos.com/blogs/heathenatheart/2019/07/cweorth-northumbrian-runes/

Khan, M. (2019c). *Gar the Spear: Northumbrian Runes*. Heathen at Heart. https://www.patheos.com/blogs/heathenatheart/2019/07/gar-the-spear-northumbrian-runes/

Leeming, D. (2005). Poetic Edda. In The Oxford Companion to World Mythology. : Oxford University Press. Retrieved 2 Dec. 2022, from https://www.oxfordreference.com/view/10.1093/acref/9780195156690.001.0001/acref-9780195156690-e-1274.

Liland, S. E. (2014). Aurora Borealis [Online Image]. In *Pexels*. https://www.pexels.com/photo/aurora-borealis-1933239/

Linton, M. (2013). *All About Runes A Book of Runes A Wikipedia Compilation*. http://www.1066.co.nz/Mosaic%20DVD/library/runes/all%20about%20runes.pdf#page=96

Linton, M. A. (2013). *All about Runes A Book of Runes*. http://www.1066.co.nz/Mosaic%20DVD/library/runes/all%20about%20runes.pdf#page=96

Malchevska, V. (2022). Tarot Cards With Rune Symbols [Online Image]. In *Pexels*. https://www.pexels.com/photo/tarot-cards-with-rune-symbols-12797779/

Mart, L. (2014). *Divination 1: Question 5 (Rune Meanings)*. Little Druid on the Prairie. https://prairiedruid.com/2014/06/06/divination-1-question-5-rune-meanings/

McCoy, D. (2012a). *Runes*. Norse Mythology for Smart People. https://norse-mythology.org/runes/

McCoy, D. (2012b). *Runic Philosophy and Magic - Norse Mythology for Smart People*. Norse Mythology for Smart People. https://norse-mythology.org/runes/runic-philosophy-and-magic/

McCoy, D. (2012c). *The Binding of Fenrir*. Norse Mythology for Smart People. https://norse-mythology.org/tales/the-binding-of-fenrir/

Mclean, E. (2020a). Aged Nordic Runestone Located on Blooming Field in Countryside [Online Image]. In *Pexels*. https://www.pexels.com/photo/aged-nordic-runestone-located-on-blooming-field-in-countryside-5023727/

Mclean, E. (2020b). Circular Wooden Viking Shield on Timber Shelf [Online Image]. In *Pexels*. https://www.pexels.com/photo/circular-wooden-viking-shield-on-timber-shelf-5023686/

Mclean, E. (2020c). Traditional Wooden House With Rustic Furniture and Fireplace [Online Image]. In *Pexels*. https://www.pexels.com/photo/traditional-wooden-house-with-rustic-furniture-and-fireplace-5023743/

Mclean, E. (2020d). Woman With Black Makeup and Runes [Online Image]. In *Pexels*. https://www.pexels.com/photo/woman-with-black-makeup-and-runs-5696548/

Modern Norse Heathen. (2017). *A Beginner's Guide to Rune Casting*. Modern Norse Heathen. https://modernnorseheathen.wordpress.com/2017/09/13/a-beginners-guide-to-rune-casting/

Newcombe, R. (2019). *Rune Guide - An Introduction to using the Runes*. Holistic Shop. https://www.holisticshop.co.uk/articles/guide-runes

Omniglot. (2019). *Anglo-Saxon runes (Futhorc)*. https://www.omniglot.com/writing/futhorc.htm

PublicDomainPictures. (2012). Rune Runes Runic [Online Image]. In *Pixabay*. https://pixabay.com/photos/rune-runes-runic-stones-clay-72070/

Rhys, D. (2021). *Algiz Rune – History and Meaning*. Symbol Sage. https://symbolsage.com/algiz-rune-symbol-meaning/

RODNAE Productions. (2021). Top View of Astrology Items [Online Image]. In *Pexels*.

Rune Secrets. (2020). *How to Interpret the Runes*. Rune Secrets. https://runesecrets.com/rune-lore/how-to-interpret-the-runes

Saul, F. (2017). *Elder Futhark*. Auntyflo.com. https://www.auntyflo.com/spiritual-meaning/elder-futhark

Sawyer, A. (2021). *Elder Futhark Runes — Meanings And Rune Casting Basics*. YourTango. https://www.yourtango.com/2018316703/how-to-read-cast-interpret-rune-casting-astrology-zodiac-horoscope

Starfire, L. (2018). *The Three Aettirs of the Elder Futhark Runes*. Witches of the Craft®. https://witchesofthecraft.com/2018/09/12/the-three-aettirs-of-the-elder-futhark-runes/

Symbolikon. (2023). *Thurisaz - Norse Runes symbol - Symbolikon Worldwide Symbols*. Symbolikon.com. https://symbolikon.com/downloads/thurisaz-norse-runes/#:~:text=Thurisaz%20is%20a%20protective%20rune

Taylor, K. E. (2020). *Futhorc: The Anglo-Saxon Runes & Runology*. Druidry. https://druidry.org/resources/futhorc-the-anglo-saxon-runes-runology

The English Companions. (2021). *About the Anglo-Saxon Futhorc*. https://www.tha-engliscan-gesithas.org.uk/written-and-spoken-old-english/old-english-alphabet-2/about-the-anglo-saxon-futhorc/

The Pagan Grimoire. (2022). *Your Guide to the 24 Elder Futhark Runes and Their Meanings*. The Pagan Grimoire. https://www.pagangrimoire.com/elder-futhark-rune-meanings/

The Rune Site. (2010, September 27). *Northumbrian Runes – Rune Meanings*. www.therunesite.com. http://www.therunesite.com/northumbrian-runes-rune-meanings/

The Viking Rune. (2008). *Younger Futhark Runes: The Rune Set Used by Norse Vikings*. Vikingrune.com. https://www.vikingrune.com/2008/11/younger-futhark-runes/

Two Wander. (2020). *Rune Meanings and How to Use Rune Stones for Divination*. Two Wander. https://www.twowander.com/blog/rune-meanings-how-to-use-runestones-for-divination

Tyler, D. (2015). *Your Guide to Rune Divination*. Rune Divination. https://runedivination.com/your-guide-to-rune-divination/

Tyler, D. (2019). *Casting Runes*. Rune Divination. https://runedivination.com/casting-runes/

Tyriel. (2008a). *Algiz - Rune Meaning*. Rune Secrets. https://runesecrets.com/rune-meanings/algiz

Tyriel. (2008b). *Ansuz - Rune Meaning*. Rune Secrets. https://runesecrets.com/rune-meanings/ansuz

Tyriel. (2008c). *Berkano - Rune Meaning*. Rune Secrets. https://runesecrets.com/rune-meanings/berkano

Tyriel. (2008d). *Dagaz - Rune Meaning*. Rune Secrets. https://runesecrets.com/rune-meanings/dagaz

Tyriel. (2008e). *Ehwaz - Rune Meaning*. Rune Secrets. https://runesecrets.com/rune-meanings/ehwaz

Tyriel. (2008f). *Fehu - Rune Meaning*. Rune Secrets. https://runesecrets.com/rune-meanings/fehu

Tyriel. (2008g). *Gebo - Rune Meaning*. Rune Secrets. https://runesecrets.com/rune-meanings/gebo

Tyriel. (2008h). *Hagalaz - Rune Meaning*. Rune Secrets. https://runesecrets.com/rune-meanings/hagalaz

Tyriel. (2008i). *Ihwaz or Eihwaz - Rune Meaning*. Rune Secrets. https://runesecrets.com/rune-meanings/ihwaz-eihwaz

Tyriel. (2008j). *Inguz - Rune Meaning*. Rune Secrets. https://runesecrets.com/rune-meanings/inguz

Tyriel. (2008k). *Isa - Rune Meaning*. Rune Secrets. https://runesecrets.com/rune-meanings/isa

Tyriel. (2008l). *Jera - Rune Meaning*. Rune Secrets. https://runesecrets.com/rune-meanings/jera

Tyriel. (2008m). *Kenaz - Rune Meaning*. Rune Secrets. https://runesecrets.com/rune-meanings/kenaz

Tyriel. (2008n). *Laguz - Rune Meaning*. Rune Secrets. https://runesecrets.com/rune-meanings/laguz

Tyriel. (2008o). *Mannaz - Rune Meaning*. Rune Secrets. https://runesecrets.com/rune-meanings/mannaz

Tyriel. (2008p). *Nauthiz - Rune Meaning*. Rune Secrets. https://runesecrets.com/rune-meanings/nauthiz

Tyriel. (2008q). *Othala - Rune Meaning*. Rune Secrets. https://runesecrets.com/rune-meanings/othala

Tyriel. (2008r). *Perthro - Rune Meaning*. Rune Secrets. https://runesecrets.com/rune-meanings/perthro

Tyriel. (2008s). *Raidho - Rune Meaning*. Rune Secrets. https://runesecrets.com/rune-meanings/raidho

Tyriel. (2008t). *Sowilo - Rune Meaning*. Rune Secrets. https://runesecrets.com/rune-meanings/sowilo

Tyriel. (2008u). *Thurisaz - Rune Meaning*. Rune Secrets. https://runesecrets.com/rune-meanings/thurisaz

Tyriel. (2008v). *Tiwaz - Rune Meaning*. Rune Secrets. https://runesecrets.com/rune-meanings/tiwaz

Tyriel. (2008w). *Uruz - Rune Meaning*. Rune Secrets. https://runesecrets.com/rune-meanings/uruz

Tyriel. (2008x). *Wunjo - Rune Meaning*. Rune Secrets. https://runesecrets.com/rune-meanings/wunjo

ValeriiIavtushenko. (2020). Axe Weapon Tool [Online Image]. In *Pixabay*. https://pixabay.com/photos/axe-weapon-tool-equipment-viking-5494732/

van der Hoeven, J. (2020). *The Runes: Ōs*. Down the Forest Path. https://downtheforestpath.com/2020/11/26/the-runes-os/

van der Hoeven, J. (2022). *The Runes: Rād*. Down the Forest Path. https://downtheforestpath.com/tag/runes/#:~:text=The%20fifth%20rune%2C%20R%C4%81d%20or

Viking Style. (2020). *Viking Rune Meanings*. Viking Style. https://viking.style/viking-rune-meanings/

WFlore. (2019). Viking Drakar Boat [Online Image]. In *Pixabay*. https://pixabay.com/photos/viking-drakar-boat-norway-4601896/

Wigington, P. (2020). *What Is Rune Casting? Origins and Techniques*. Learn Religions. https://www.learnreligions.com/rune-casting-4783609

Wikipedia. (2019a). *Codex Sangallensis 878*. https://en.wikipedia.org/wiki/Codex_Sangallensis_878

Wikipedia. (2019b). *Odin*. Wikipedia. https://en.wikipedia.org/wiki/Odin

Wikipedia. (2020). *Younger Futhark*. https://en.wikipedia.org/wiki/Younger_Futhark

Wikipedia. (2021). *Anglo-Saxon Runes*. https://en.wikipedia.org/wiki/Anglo-Saxon_runes

Wikipedia. (2022a). *Abecedarium Nordmannicum*. https://en.wikipedia.org/wiki/Abecedarium_Nordmannicum

Wikipedia. (2022b). *Algiz*. https://en.wikipedia.org/wiki/Algiz#Younger_Futhark

Wikipedia. (2022c). *Runes*. Wikipedia. https://en.wikipedia.org/wiki/Runes#Etymology

Wikipedia. (2022d). *Runestone*. https://en.wikipedia.org/wiki/Runestone

Wikipedia. (2022e). *Sól (Germanic mythology)*. Wikiwand. https://www.wikiwand.com/en/S%C3%B3l_(Germanic_mythology)

Wikipedia. (2022f). *Týr*. Wikiwand. https://www.wikiwand.com/en/T%C3%BDr

Wikisource. (2021). *Rune poems*. https://en.wikisource.org/wiki/Rune_poems

Williamson, J. (2022). *All you need to know about the Elder Futhark, the oldest form of runic alphabets*. The Viking Herald. https://thevikingherald.com/article/all-you-need-to-know-about-the-elder-futhark-the-oldest-form-of-runic-alphabets/294